Topos plus **Taschenbücher**
Band 558

AF286287

Silja Walter

Die Beichte
im Zeichen des Fisches

Ein geistliches Tagebuch

Mit einem Vorwort von Abt Christian Schütz
und Begleitbriefen von Ulrike Wolitz

Topos plus Taschenbücher

Topos plus **Verlagsgemeinschaft**

Butzon & Bercker, Kevelaer | Don Bosco, München
Echter, Würzburg | Verlag Katholisches Bibelwerk, Stuttgart
Lahn-Verlag, Limburg Kevelaer | Matthias-Grünewald-Verlag, Mainz
Paulusverlag, Freiburg Schweiz | Friedrich Pustet, Regensburg
Tyrolia, Innsbruck Wien

Bibliografische Information der Deutschen Bibliothek

Die Deutsche Bibliothek verzeichnet diese Publikation in der Deutschen
Nationalbibliografie; detaillierte bibliografische Daten sind im Internet
über http://dnb.ddb.de abrufbar.

Einband- und Reihengestaltung:
Akut Werbung GmbH, Dortmund
Titelbild: Silja Walter
Titelfoto: Sue Suter, Zürich
Herstellung: Pustet, Regensburg
Printed in Germany

Topos plus – Bestellnummer: **3-7867-8558-9**
www.toposplus.de

Inhalt

Vorwort
ABT CHRISTIAN SCHÜTZ 7

Prolog 11

1. Geburt des Kyrios
   (Januar–Februar) 25

2. Taufe des Kyrios
   (Februar–März) 41

3. Versuchung des Kyrios
   (März–April) 55

4. Der Kyrios am Jakobsbrunnen
   (April–Mai) 71

5. Der Kyrios und der Blinde
   (Mai–Juni) 85

6. Verklärung des Kyrios
   (Juni–Juli) 99

7. Der Kyrios und Lazarus
   (Juli–August) 115

8. Abendmahl des Kyrios
   (August–September) 129

9. Auferstehung des Kyrios
    (September–Oktober) 143

10. Himmelfahrt des Kyrios
    (Oktober–November) 157

11. Der Kyrios und Pfingsten
    (November–Dezember) 173

12. Wiederkunft des Kyrios
    (Dezember) 187

FÜR ANDRES
UND SEINE ELTERN
CÉCILE UND MEINRAD WIDMER-GLUTZ

VORWORT

Wer heute ein Buch über die Beichte schreibt, läßt sich auf ein gewagtes Unternehmen ein. Das gilt in mehr als einer Hinsicht. Es ist kein Geheimnis, daß die Einrichtung der Beichte mehr und mehr zu einem «toten Sakrament» zu werden droht. Es lassen sich dafür mehr als genug Gründe anführen, welche die Beichte selber nur zum Teil zu verantworten hat. Wo es keine Sünde mehr gibt oder geben soll, erübrigt sich auch die Beichte. Die Erinnerung an die frühere Beichtpraxis hat bei manchen allerhand Vorurteile und Verletzungen zurückgelassen. Neuere Therapieformen haben der Beichte schon längst den Rang abgelaufen. Gleicht unter diesen Umständen ein Rekurs auf die Beichte nicht einem anachronistischen Unterfangen, einem höchst künstlichen Belebungsversuch?

Was soll oder will schließlich ein Hinweis auf die Beichte aus der Feder einer Ordensfrau? Geht es dabei um eine Rechtfertigung? Eine Empfehlung? Eine Wiederentdeckung? Eine pastorale Schützenhilfe für verunsicherte Beichtväter und Seelsorger? Eine neue Anleitung zur Praxis und «Technik» der Beichte? Eine neu aufgelegte Einschärfung ihrer Notwendigkeit oder Pflicht? Eine zusätzliche Quelle von Sensationen und Informationen kirchlicher Art?

Wer solches oder ähnliches in diesem Buch sucht, wird es enttäuscht aus der Hand legen. Gewiß, es kommt aus dem Hintergrund langjähriger Beichterfahrungen, aber es ist alles andere als eine enthüllende oder vernichtende Abrechnung mit ihnen. Hier spricht ein Mensch, der die Beichte ein Leben lang bis heute ernst genommen hat und ernst nimmt. Seine Aussagen verfolgen anderes als pädagogische oder katechetische Ziele. Im Gegenteil, sie tragen durch und durch persönlichen Charakter. Wenn überhaupt, dann könnte man sie in das Reich der altkirchlichen Mystagogie, der hinführenden Einweisung in die Welt des Glaubens, oder in die Reihe religiöser Bekenntnisse einordnen, die Augustinus mit seinen bekannten Confessiones eröffnet hat. Auf ähnliche Weise bedenkt hier eine gläubig suchende Christ seinen Beichtweg, der zutiefst mit seinem geistlichen oder Glaubensweg zusammenhängt. Die Erfahrung, die für ihn dabei bestimmend geworden ist, ist die Entdeckung und Wahrnehmung der Gegenwart des Christus-Kyrios als des in Schöpfung und Geschichte, Welt, Leben und Glauben gegenüber Währenden. Vor ihm und im Gegenüber zu ihm wird der Mensch seines wahren Standortes inne und gewiß, einschließlich seines Versagens und seiner verfehlten Antwort(en). Leitfaden sind ihm dabei die verschiedenen Stationen und Mysterien im Leben und Dasein des Kyrios. Die Beichte rückt damit in das Licht der Transparenz des Herrn und beschenkt mit der Erfahrung des Transparentwerdens des eigenen Herzens und Lebens.

Absicht dieses Buches ist es, den Leser zum Mit- und Nachvollzug, zur Anteilnahme und Begleitung dieses Weges anzuregen und einzuladen. Es wäre verkehrt, ihn einfach kopieren oder imitieren zu wollen – dazu ist er zu persönlich; auf der anderen Seite kann man dieses Zeugnis auch nicht unbetroffen aus der Hand legen, denn es fragt und stellt einen mit der Glaubens- und Lebensfrage.

ABT CHRISTIAN SCHÜTZ OSB

Sue S. bringt mir ihre gute Fotoreproduktion meiner beiden Fische. Vor zwei Jahren habe ich sie gemalt. Einer davon soll als frühchristliches Geheimzeichen für den Herrn, den Auferstandenen, lebendig Gegenwärtigen, für dich, Kyrios, als Titelbild auf dieses Buch hier.

Ulrike wird nachsehen und mir genaue Angaben über die Symbolik des Fisches an den Mauergräbern der frühchristlichen Untergrundkirche schicken; ich bat sie darum. Im August ist ihre Arbeit an der Fakultät zu Ende. Dann hat sie Zeit für ihre Recherchen in der dortigen Bibliothek.

Der Fisch, griechisch «Ichthys», bietet seine Buchstaben Jesus von Nazaret als Name seiner nachösterlichen Identität an. *Ichthys: I*-esus, *Ch*-ristos, *Th*-eou *H*-*y*-os, *S*-oter. Das ist: «Jesus Christus Sohn Gottes, Erlöser». Das ist: «Herr», griechisch: «Kyrios».

Sie singen lateinischen Choral aus einer Kathedrale in der Zelle über mir. Ab Kassette. Solange sie singen, kann ich nicht nachdenken. Über den Kyrios nachdenken ist Nachdenken über die Wirklichkeit, in der ich sitze und denke. Wenn man damit nicht weiterkommt, weil sie singen, muß man versuchen, hineinzuschauen. Wirklichkeit wird ohnehin nicht durch Nachdenken wirklich. Sie hat es nicht nötig, gedacht zu werden, um wirklich zu sein.

Der Kyrios ist Wirklichkeit. Wirklich? Das überlege ich mir seit Monaten intensiv. Ich sagte: hineinschauen. Manchmal denke ich, ich weiß, wie das ist.

Pater Jerome wird um vier Uhr da sein. Er kommt jeden Monat zum Beichthören von der Abtei herüber. Man ist natürlich frei. Vielleicht melde ich mich heute.

Ich bin aber noch nicht sicher.

Ich stelle mir vor, wie es sein wird, am Ende, wenn er kommt, wenn er zu Ende gekommen ist. Da sitze ich vielleicht neben dem Pfirsichspalier im Konventgarten, oder neben der Traufe am Waschhaus beim großen Holzstapel, oder sonstwo irgendwo, dann am Ende, wenn er zuletzt kommt, der Kyrios. Bist du der Kyrios? Du wirst kommen, bist aber längst schon da. Längst schon spüre ich in meinen Augen, wie alles vergeht, man ist eben schon lange hier, man ist alt. Man sitzt schon in einer Art leisen Schmelze. Das kommt von deinem Kommen.

In dieser Lage gibt es nichts Einfältigeres, als was da sitzt, dann, nichts Armseligeres, was soll's dann noch mit mir?

Die Pfarrerin von drüben am Fluß, von woher der Westwind samstagnachts Tanzmusik herüberweht, kam, um Honig zu kaufen. Sie sagte mir, in der Gegend hier herum wisse niemand, wer oder was der Kyrios sei. Das verstehe ich. An unserm kirchlichen Ufer kennt man ihn wohl auch nur aus dem dreifachen Anruf am Eingang der Messe. Ich sagte ihr, daß ich demnächst beichten ginge. Ich würde ihr erzählen, wie es war. Leni, die Pfarrerin hatte gelacht, es wundert sie, warum und was ich ihr von meiner Beichte erzählen will. Sie wird aber erst im Juni wieder zum Gespräch kommen können, weil sie vorher nach Johannesburg fliegt. Jedes Jahr um diese Zeit fliegt sie nach Johannesburg. Sie hat sich in der Anti-Apartheid-Bewegung engagiert.

Wenn du bist, Kyrios, dann muß ich damit rechnen, daß nicht nur ich da bin, daß immer auch du da bist. Daß da Beziehung ist von dir zu mir, von mir zu dir.

Wie ist das aber, der Kyrios und ich als Beziehung? Wenn schon, dann er alles, ich nichts. Das heißt, von ihm her gesehen eine Art Nichts. Ungeheuerlich im Grunde, der Kyrios läßt sich auf Beziehung zum Menschen ein, zum Menschen schlechthin.

Wieviel Uhr ist denn? Schon fünf? Wieso schon fünf? Eben hat die Turmuhr doch drei Uhr geschlagen. Aber ja, ich sehe Licht in der Beichtkapelle. Und von Schwester Margaret steht nur noch der halbvolle Korb Kamillenblüten im Garten.

Das Alles ist aber nur alles, wenn sonst nichts mehr ist. Also gut, ich nichts. Wie ist das, nichts und doch vorhanden? Ein vorhandenes Nichts ist nicht nichts, sonst könnte es nicht vorhanden sein.

Kyrios, es geht um Wahrheitsfindung. Darum muß ich über unsere Beziehung nachdenken. Das Nachdenken habe ich im Blut, schon sehr früh war es mir aufgegeben, war es mir lieb und wichtig, ging es nicht anders. Geschweige denn jetzt, wo alles so dringlich wird ob deinem Kommen, ob der Wirklichkeit, die hereinbricht, nicht aufzuhalten, nicht wegzudenken.

Pater Jerome hat in Romanistik promoviert. Er spielt auch gut Geige. Vor einer halben Stunde werde ich nicht an der Reihe sein. Es ist schön still hier, nur von den Ställen herauf ab und zu Schafgeblök. Wieder Choralgesang aus dem offenen Zellenfenster der uralten Schwester Marina. Gregorianik sangen sie schon vor mehr als tausend Jahren. Ein Präsenzbeweis für das Christliche, und wenn für das Christliche, dann für den Kyrios, der kommt. Dem sangen sie entgegen: «Benedictus qui venit in nomine Domini.» Und früher, viel früher, schon ganz am Anfang, auf der Insel Patmos schon vermutlich: «Maranatha, komm, Herr Jesus!» «Herr Jesus», das ist der Kyrios.

Da war es bereits da, das Beziehungsphänomen des Kyrios mit den ersten Leuten der ersten christlichen Geschichtszeit, die sein Kommen sahen und darum sangen. Die sahen es so gut wie wir heute, wenn nicht klarer. Ich bin sicher, viel klarer. Die Zwischenschicht zwischen Welt und Himmel war noch nicht so dick verfilzt wie heute, Transzendenz schwinde wie noch nie. Wer sagt das? Wenn etwas aus der Welt nicht schwinden kann, ist es die Transzendenz. Kam die letzteigentlich anders als durch den Kyrios in seine Schöpfung? Ich denke, sie ist Wirkung seines Kommens, denn was soll Transzendenz anders sein als das Jenseits im Diesseits? Das aber ist die Gegenwärtigkeit des Kyrios in der Welt.

Man weiß eben nichts, wenn man sich nicht einläßt auf den Kyrios.

Pater Jerome weicht jeder Auseinandersetzung über die Beichte aus. Ich hatte vorsichtig versucht, wirklich, mit Zuvorkommenheit hatte ich versucht, ihn aus seinem Ritualraster herauszuholen. Kam unbefangen in die Kapelle, begrüßte ihn mit der Frage, wie es in der Bretagne gewesen sei, immer schönes Wetter, angenehme Fahrt, ob er wieder Kathedralen fotografiert habe und so. Er nickte, nickte wieder, sagte dann etwas von seiner Schwester in Paris, daß die Pfarrei Saint Pierre in Lyon eine bedeutende Orgel erworben habe, Geplauder hin und her, aber nicht sehr lange. Er hatte sich, Rücken gegen das Fenster, mir gegenüber hingesetzt und wartete, daß ich mit meiner Beichte beginne.

Ich sagte sie dann so herunter, wie ich es nie mehr zu tun beschlossen hatte, aber was will man. Was soll ich Pater Jerome verraten, wie es mir hinter dem Pfirsichspalier in der Betrachtung ergeht. Daß dann die Zusammenhänge alles Denken zudecken und sich alles unfaßlich auftut. Es ist schwierig, sich dann mit seinen Sünden auseinanderzusetzen.

Ich habe Ulrike gefragt, was der Kyrios mit Pfingsten zu tun habe, der Auferstandene mit der Geistausgießung an Pfingsten. Sie sagt, seine Gegenwart, sein Kommen ins Jetzt und Hier werde von denen erkannt, die im Pfingstfeuer stehen. Wer steht im Pfingstfeuer? «Die ihn kommen sehen», sagt sie. Es läuft also rund. Sache des Glaubens. –

Ich darf mit ihr für zwei Wochen nach Einsiedeln fahren, da werden wir Zeit haben, alles zu besprechen. Es sei eine sehr tiefe Frage, sie müsse sie noch ein wenig im Herzen austragen. Sie bezieht sie auf das Verhältnis Christi zu Gott und den Menschen.

Das wäre das eigentliche Beziehungsproblem des Kyrios nach oben und nach unten. Oben sein und unten sein zugleich, bedeutet das sein Ausgespanntsein in der Erhöhung heute und jetzt? Sein Obensein und sein Untensein zugleich kann noch nicht das Letztganze sein, wir sind eben noch heraufzuholen, wir, die Menschheit und alles andere mit uns zusammen, heimzuholen, dorthin, wo es kein Oben und kein Unten mehr gibt, nur noch Beziehung des Einsseins am Ort Gott. Gut, daß wir zwei Wochen Zeit haben zusammen, Ulrike und ich, Zeit, Zeit und Zeit, vierzehn Tage lang.

Ich muß gehen. Mit Pater Jerome wird es schwierig sein. Ich habe ihn letztes Mal gebeten, für meine Beichte aus dem Beichtstuhl herauszukommen. Ans Holzgitter hinter den roten Behang knie ich nicht mehr. Das hat er zwar akzeptiert, aber ich habe das Gefühl, ich beunruhige ihn.

Pater Jerome erwartet mich nicht mehr im Beichtstuhl. Als ich komme, steht er, die Hand an der Lehne eines der beiden Polsterstühle, in der Kapelle. Begrüßt mich lautlos, setzt sich, rückt seine violette Beichtstola im Nacken zurecht, schiebt ihre beiden Enden auf den Knien übereinander, blickt vor sich hin und wartet. Ich habe Pater Jerome meine Abneigung, meinen inneren Protest gegen meine bis anhin pflichtgemäß geübte Andachtsbeichte bekannt.

«Die Beichte ist ein Sakrament», bemerkt er.

«Das weiß ich, aber ich möchte sie im Zusammenhang sehen.»

«Im Zusammenhang?»

«Im Glaubenszusammenhang.»

Pater Jerome schweigt. In seinem Gesicht steht: Keine Diskussion in der Beichtkapelle.

Gut, habe ich gedacht. Dann muß ich mir selber eine Theologie der Beichte zurechtlegen. Ulrike wird mir dabei helfen.

Vielleicht ist mein Versuch zu theologisch. Aber wo er doch dasteht, über die Schöpfung, der Christus des Philipperbriefes, des Kolosserbriefes, der Herr aller Geschichte und Zeit. Da soll man nicht auch die Beichte von ihm her sehen? Ja doch, es ist nicht nur richtig, es ist einzig richtig, zu versuchen, in diese Wirklichkeit des Kyrios, zunächst in seine irdischen Lebensfakten hinein, zu überlegen, was man zu beichten hat.

Ich werde das nächste Mal, gleich wenn ich mich vor Pater Jerome hingesetzt habe, die Bibel öffnen und die ersten Sätze des Philipperbriefes lesen. Und werde sagen: «Vor diesem ‹Herrn› möchte ich, wenn Sie erlauben, über mich Rechenschaft ablegen.» Ich werde sehen. Wenn ich es wage. Ob ihn das ärgert? Vielleicht verwirrt es ihn. Er sah letztes Mal müde, ja erschöpft aus.

Schöpfung und Kyrios gehören zusammen, wie Schöpfung und Erlösung. Und wenn Erlösungstat Versöhnungstat ist – das habe ich gestern in der Abendtischlesung gehört –, dann will ich den sehen, der behauptet, die Beichte habe wohl mit Gott und mit Jesus zu tun, aber nichts mit dem Kyrios. Natürlich behauptet das niemand. Man könnte im ersten Moment aber doch gedankenstutzig werden: Gott, Jesus, Kyrios? –

Beziehung Kyrios – Ich. Eine Tatsache. So existentiell, daß sie in meinen Paß hinein gehörte, falls ich einen hätte. Was bin ich? Ein Mensch in Beziehung zum Kyrios. Vom Erwachen bis zum Einschlafen, den ganzen Tag über, die ganze Nacht über in Beziehung zum Kyrios. Die von ihm her kommt. Er zieht mich – «werde ich alles an mich ziehen!» –, das schafft die Be-zie-hung. Von hier aus könnte ich mein geistliches Leben – was ist das? –, von hier aus müßte ich neu verstehen, was inneres, geistliches, monastisches Leben ist. Es ist in Beziehung sein mit dem Kyrios-Christos, dem Ursprung, meinem Ursprung. Dem Schöpfer, der Quelle, dem Erhalter, dem Entfalter und Vollen-der, dem Erlöser, dem Befreier des Menschen, jedes Menschen, der Schöpfung, der ganzen Schöpfung.

Die Pfarrerin hat sich die Sache mit dem Kyrios zu meinem Erstaunen weiter überlegt. Sie schrieb, sie müsse mir gestehen, der Titel sei unter ihren Leuten tatsächlich unbekannt. Er sei aber vor allem von der modernen, zumeist von Frauen erarbei-teten Exegese her nicht mehr zulässig. Auch Regine Sch. schrieb aus Rom:

> «Es stört mich, daß man den Kyrios heute nicht Herr nennen darf. Muß denn ‹Herr› so negativ geprägt sein, geprägt bleiben? Wenn ich an Jesus denke, an den Chri-stus, auch an Gott – wäre es nicht richtiger, von ihm her den Begriff ‹Herr› neu zu füllen statt abzuschaffen? Ist es mit Abschaffen getan –, oder einfach mit dem griechi-schen Wort, als Ersatz, das einem Schleierchen gleich-kommt – alte Sprache, die wohlklingt, die für die Nicht-wissenden, philologisch Ungebildeten etwas versteckt, das doch da ist.»

Vor ein paar Tagen ist Pater Jerome unerwartet gestorben. Daß ich über seinen Tod ein wenig erleichtert bin, ist keine Sünde. Wir werden uns ja wieder sehen und uns im hellen Licht der Wahrheit über den Kyrios und seine Präsenz im Sakrament der Beichte einigen können. Wir verstanden uns, abgesehen im Fall meiner mir zweifelhaft gewordenen Beichtpraxis, ganz gut. Daß er Proteste in der Beichtkapelle nicht liebte und nicht damit umzugehen vermochte, weil er sich da als Liturge und nicht als Seel-Sorger erlebte, konnte ich verstehen. Aber daß er uns Frauen allen, der Reihe nach, denselben Zuspruch und dieselben Bußgebete verabreichte – da waren wir dagegen.

Wie ich höre, wird nun Pater Adrian das Amt als Confessarius unseres Konvents übernehmen.

Liebe Silja – meine Schwester Hedwig,

du willst uns ein geistliches Tagebuch schenken – also kein normales Tagebuch, sondern ein inneres Kalendarium! Du willst uns hinter Deiner äußeren Landschaft in eine innere Landschaft einführen, als sei nur gerade einmal ein Fluß dazwischen. Ich sehe Dich hinter dem Pfirsichspalier sitzen und habe mich dazugesetzt. Da hocken wir nun gemeinsam und warten. Du sprichst vom Geheimnis des Kyrios und hast gleich in einem Wort nach einem ganzen Kosmos gegriffen. Diese heidnische Herrscheranrede, in der Septuaginta als Gottesanrede gebraucht, gipfelt im Zeugnis der neutestamentlichen Schriften in seiner Verwendung als Christustitel und wird zum Namen über allen Namen. Bei Paulus findet man den Titel etwa 190mal! Obwohl die Evangelien den «kyrios» zentral mit dem Ostergeschehen verbinden, findet man ihn bei Lukas schon in der Kindheitsgeschichte: Heute ist euch in der Stadt Davids der Retter geboren, welcher der Christus Kyrios ist (Lk 2,11). Natürlich brauchte Lukas nachösterliche Augen, um in der Geburt Jesu den Kyrios zu erkennen. Ich sehe es daher nicht als Deine persönliche Erfindung an, wenn Du mitten im Kommen des Kyrios Dich in einer Art leisen Schmelze sitzen siehst. Saßen nicht schon die Evangelisten in diesem Entzug vordergründiger Wirklichkeit, der ihnen den Kyrios vor Augen stellte?

Deine Eröffnung macht neugierig. Dein Vorhaben ist mutig alternativ: Idole blitzen ansonsten wie Sterne am Himmel auf und erlöschen wieder. Die Menschen sind immer noch wie die Sterndeuter aus dem Morgenland auf der Suche nach einem Kyrios. Sie mühen sich durch die verfilzte Schicht zwischen Himmel und Welt hindurch. Dein Beitrag könnte sie wie der Schweif des Sterns zum Ort der Gottesgeburt führen. Daß Du den Spuren des Kyrios in Form eines Beichtweges folgst, wird manche wundern und ärgern, denn unweigerlich kommt dadurch Dein persönliches Betroffensein in die Kyriosgeschichte. Das «Beziehungsphänomen» wird konkret. Andere dagegen werden erleichtert weiterblättern, denn sie dürfen sich einen Beichtweg erwarten, dessen Maßstab nicht zuerst die Moral, sondern Gesicht und Gestalt des Kyrios ist. Der Kyrios als Beichtspiegel – man wird mit quasi auferstandenen Augen hineingehen müssen, sonst sieht man nichts.

Dein Weg steht im urchristlichen Zeichen des Fisches. Kyrios und Fisch, wie beides zusammen zusammenginge, fragst Du. Was Du mir schreibst, ist bereits eine halbe Antwort: «Der Fisch, griechisch ‹Ichthys›, bietet seine Buchstaben Jesus von Nazaret als Name seiner nachösterlichen Identität an.» Du darfst Dein Kyrios-Buch ruhig im Zeichen dieses Fisches sehen. Warum?

Der Fisch bietet Jesus seine Buchstaben an. Ein solcher Fisch schwimmt schon in der Glut des Heiligen Geistes. Das Wort «Ichthys» wird zum Bekenntnis für «Jesus Christus, den Sohn Gottes, den Retter». In zahlreichen Variationen hat die Archäologie Belege dafür ausgegraben, daß das Fischzeichen – das Wort ebenso wie das Bild – in Verbindung mit dem christlichen Bekenntnis gebraucht wurde. Man fand den Fisch auf christlichen Grabdeckeln, Grabverschlüssen, Graberkennungsmarken, Brotstempeln, Tonlampen u. a. Meistens spricht die Fischdarstellung ohne Erklärung von selbst. Die Kirchenväter suchten in biblischen Zusammenhängen nach Deutungen. Augustinus kann sogar im gebratenen Fisch noch ein Zeichen des leidenden Christus sehen (piscis assus Christus est passus). Der Fisch bietet Jesus seine Buchstaben an. Was der Fisch hier tut, ist ein Grundvollzug der Schöpfungswirklichkeit: Wenn Gott sich in unsere Wirklichkeit offenbart, leiht die Schöpfung immer ihre Buchstaben, sozusagen

Teile ihres ganzen zur Verfügung stehenden Alphabetes. Dazu gehören auch Feuer (brennender Dornbusch!), Brot und Wein (Eucharistie) usw. Ohne Leihgaben der Schöpfung gäbe es «Gott im Fleisch» wohl kaum. Die Art und Weise bzw. auch die Dichte, wie der Unendliche sich darin offenbart, sind zwar nicht gleich. Aber in jedem Fall gibt die Schöpfung ihre Möglichkeiten, ihr «Alphabet» als Leib für die Auswortung Gottes in unsere Wirklichkeit. Der, den Du im Zeugnis der Heiligen Schrift ebenso suchst wie in eurem Garten, den Du als Kyrios anrufst, dem Du im Sakrament der Beichte begegnen willst, ist auch der gleiche, dem der Fisch – Ichthys – seine Buchstaben lieh.

Schöpfung, die in allen Buchstaben auflodert vom Christus-Kyrios, ist wahrlich ein pfingstlicher Dornbusch, ganz von seinem Heiligen Geist erfüllt.

Ulrike

I

GEBURT
DES KYRIOS

Januar–Februar

Als Jesus zur Zeit des Königs Herodes in Betlehem in Judäa geboren worden war, kamen Sterndeuter aus dem Osten nach Jerusalem und fragten: Wo ist der neugeborene König der Juden? Wir haben seinen Stern aufgehen sehen und sind gekommen, um ihm zu huldigen.

MATTHÄUS 2,1–2

Erst Pfingsten bringt es also, daß wir die Zusammenhänge sehen. Daß wir den Kyrios und sein Kommen erkennen. Mit Pfingsten kam das Brennende, der Brennende in die Menschenwelt, der brachte die Schmelze. Manchmal, in der Stille der Betrachtung, ist es, als sitze man darin. Pfingsten – aber da ist zuvor Epiphanie, das war zuerst. Man sagte zu Hause: «Dreikönigen». Da lief meine kleine Schwester Roswitha in der Frühe schon mit einem Kesselchen zur Pfarrkirche, da gab es Dreikönigswasser. Epiphanie mit dem wunderbaren Stern. Unter ihm liegt am Ende des langen Ritts der Leute aus dem Osten durch die Wüsten das Kind, das er ankündigt: «Völker!» singt er. «Völker der Erde! Das ist der Kyrios, das Kindchen da drunten, der Herr der Schöpfung!»

Wie es mich rundum dreht mit diesem Bibelbericht, wo es begann mit dem Andern in der Welt, mit dem Einbruch des Himmels. Epiphanie und der Vordergrund – bald ist nur noch der Grund da, der Urgrund der Zeit und der Welt, und was soll ich nun Besseres tun, als wach bleiben, nicht schlafen, wachen und darauf warten, existentiell warten. Es gibt den Kyrios nur als den Gegenwärtigen, ganz in der Geschichte und ganz außer der Geschichte, und das Umwerfende ist: Seine Gegenwärtigkeit nimmt alle menschlich-zeitliche Gegenwart in sich auf, es gibt keine mehr ohne die andere.

Der Bericht der Schrift redet von einem Kind. Dieses Kind hat Himmel und Erde in sich, und das betrifft mich. Darum geht es mir hier. Das ist alles. Das Kind ist der Kyrios.

Man erfährt etwas in sich, wenn man sich vor ihm stehen und gehen und leben sieht. Es ist die Spannung von Himmel und Erde, die mit diesem Kind in die Welt eindrang, eindringt – und ich könnte sagen, ich spüre sie. Und das soll nicht wichtig, so wichtig sein, daß man sich mit aller Kraft damit einläßt? Ich gehe, seit ich das sehe, anders durch den Kreuzgang, anders durch den Garten. Wie in einen Punkt gesammelt, in einen Brennpunkt.

Epiphanie, Weihnacht der Welt. Alles wird anders jetzt. Ulrike denkt wie ich. Alles muß jetzt vom Kyrios her gedacht, gesehen sein und geschehen. Daß ich zum Beispiel diese Woche beichten gehe, betrifft ihn im Grunde mehr als mich. Das hier zu erklären ist schwierig, ich muß es mir erst selber gut überlegen. Ulrike ist Dozentin an der Universität in E. Wie ich höre, kommt sie Ende März. Sie habe eben angerufen.

Hin und her im Garten, her und hin, und wieder hin und her, mehr als achtzig Schritte sind es nicht vom Blumenhaus bis zur Mauer, aber ein sauberer Weg verläuft zwischen den Beeten. Er wurde geboren, um ins Unten eingehen zu können, der Kyrios. Um das Oben ins Unten einzubringen. Im Hin und Her den Gartenbeeten entlang klärt sich mein Beichtplan. Ich werde mit der Geburt des Kyrios beginnen. Er ließ sich gebären, war der Kyrios im Schoß seiner Mutter schon, da sie ja doch Gott empfing. So war er schon sein Ganzes, sein Totales, Ewiges, bei seiner menschlichen Geburt, da war er nicht nur Jesus, da war er schon «Jesus DER HERR», dem die Schöpfung adventlich entgegenseufzt, damals wie heute: «Maranatha, komm!» Und er kam dann ja auch, Gott brach in die Welt herein, was man Epiphanie nennt. Das muß ich klar bekommen und zusammensehen im Hin und Her im Garten. Bis Viertel vor Vier ist Meditationszeit. Ob diese Zusammensicht von Weihnacht und Parusie richtig ist?

Es wisse niemand, wer der Kyrios sei – hatte die Pfarrerin gesagt. Dann muß man es den Leuten eben erklären. Ich muß nun einmal alles zusammenhängend sehen. Von Epiphanie aus will ich es versuchen, vom Stern über den Leuten aus dem Osten her. Dieser Stern ist ein Ziehstern. Er zieht die Männer durch die Wüsten nach Juda, ein Sternzeichen für den Kyrios, der alles, wie er vorausgesagt hat, an sich ziehen wird. Da hinein, in diese Deutung, versetze ich meine Beichte.

Ja, Epiphanie und Beichte. Ich weiß noch nicht, wie das zusammengeht. Aber es ist schön, etwas über die Dogmatik hinaus, von innen her, aus der Erfahrung, zu entdecken.

Ein warmer Samstag, ich denke, wer kann, fährt fort aus der Stadt. Zwei Tage Frühling, vielleicht rundum unter unserm westlichen Mond. Ich habe nur den Garten, achtzig Schritte vom Blumenhaus zur Mauer, aber es macht mir nichts aus, hin und her, immer hin und her, betroffen heute von der Wahrheit hinter dem Frühling, hinter der Stadt und hinter dem Mond, hinter der Welt. Offen heraus: Ich ging die Treppe hinab über den Platz vor dem Waschhaus, und plötzlich, wie sage ich das, wie es war: Stand vor mir etwas wie ein Ruf, ein stehender Ruf: «Seid still, seid doch still, Erde, Leute! Gott wurde in Betlehem als ein Mensch geboren!»

Die Welt steht nicht still. Sie steht natürlich nicht still, aber es ist mir noch immer, ein Loch sei aufgerissen, aus dem sich Staunen allüberall hin ergießt. Nein, kein Loch, ich muß es anders beschreiben, oder lieber gar nicht, jedenfalls steht auch in mir etwas still, wenn ich höre, ich meine, wenn ich denke: «Gott ist als ein Kind in die Welt hinein geboren.»

Kein Weihnachtslied. Wieder dieses Wirkliche durch das Denken herauf. Und ein zum ersten Mal unterirdisch, unter meinem Bewußtsein empfundener schwacher, aber echter Zorn gegen die Stumpfheit der Welt besetzt mich, auch gegen meine. Warum bin ich nicht erschüttert? Käme ein Marsbewohner herunter, die Völker wären verrückt.

Als heute morgen die kleine Kapellenglocke zur Messe viermal, sechsmal anschlug, dann metallen hin und her schwang und die großen vom Turm der Klosterkirche einfielen, nicht ganz richtig aufeinander abgestimmt, aber gerade dadurch mit ansprechender Spannung im Geläut, da war mir: doch ja, es gibt die Antwort von der Erde her auf die Tatsache der Gottesgeburt in der Welt.

Morgenglocken, Sterne in der Nacht, das Aufbrechen des Bodens zu Grün und Geblüh, die wilden Enten und Tauben auf den Dächern, und daß wir hier sind, wir Frauen im Fahr, und diese ganze Klosterwelt – lauter Antworten, lauter «Benedictus qui venit in Nomine Domini».

Frage an mein Beichtgewissen: Wie antworte *ich* auf die Gegenwart des Kyrios in der Welt? In meiner Welt?

Antworten auf die geschichtliche Geburt des Kyrios kann die Schöpfung gerade nur, weil er in ihr geboren wurde. Darum wurde er Mensch, denn jetzt ist jemand da, der sie durch sein Dasein und Werk zur Antwort, zur reinen Lobpreise-Antwort, zum Dank für ihre Erschaffung und seine Inkarnation in ihr macht. Ist das richtig? Ich werde Ulrike fragen. Bis im August hat sie noch Veranstaltungen an der Universität.

Pater Adrian wird nächsten Donnerstag kommen. Ich habe genug Zeit, mich bis dahin auf meine erste Kyrios-Beichte vorzubereiten. Was der Erzbischof von Mailand, Carlo M. Martini, in seinem Buch über die Notwendigkeit einer neuen Beichtpraxis schreibt, muß ich für Ulrike herauskopieren. Sie sah meine Übersicht hier: den Weg, den Beichtweg den evangelischen Kyrios-Fakten entlang, von seiner Geburt bis zu seinem letzten, endgültigen Kommen am Ende. Sie bestätigt, daß Jesu Kyriosgeheimnisse ab Weihnacht durchsichtig werden. Ich werde also mit dem Zweiten Testament in die Beichtkapelle gehen und mich bis dahin mit dem Erscheinen des Kyrios-Sternes über «dem Haus, wo das Kind war», und meiner Sündigkeit beschäftigen.

Der Kyriosstern steht über der Beichtkapelle. Pater Adrian muß ihn ebenfalls sehen, sonst versteht er meinen neuen Beichtweg nicht. Meine Reise zum Kyrioskind und von ihm durch alle Kyriosfakten – zwölf bedeutsame sind es, ich habe sie gezählt – bis in die Parusie, des Kyrios Wiederkunft. Das ist kein Schema, ich bin in seinem Kommen, das jetzt kommt, und habe mitzumachen, was ich dabei zu tun habe. Das alles muß ich nun sehen, muß in die Übersicht dieser Wahrheit und ihrer Konsequenzen hineingehen. Es ist alles von großer Bedeutung. Beichten wie bisher geht nicht mehr.

In meiner Beichtpraxis gab es bisher eine unverhohlene Arroganz. Ich ging beichten, damit es wieder stimmt zwischen Gott und mir. Als ob das jemals stimmen könnte. Das ist das Schiefe an meinem Beichten: Man kann seine Defizite nicht aus sich heraus und von überall her zusammenholen und als unbezahlte Rechnungen vor Gott auf dem Tisch ausbreiten, damit er sie mit einer Handbewegung herunterwische und wir uns als gute Freund und Freundin wieder trennen bis zum nächsten Mal. So geht es wirklich nicht mehr.

Kyrios, durch die Wüste in deine Geburt hinein reiten, ist sozusagen alles, was man zu tun hat und tun kann, lebenslang. Das ist die erste Antwort. Die zweite, niederknien dann, dort, am Ort, wo man den Stern still stehen sieht, über sich, in sich. Dieser Ort ist überall da. Die dritte Antwort gibst du selber, geschieht von dir her: deine Menschwerdung im Menschen, der immer durch seine Wüste auf dich zu reitet, der da immer heimlich überall unterm Stern kniet. Das ist deine eigene, deiner Geburt in der Welt einzig angemessene Antwort, im Menschen selber geboren zu werden. Nur Theologie? Da gibt es doch auch Erfahrung. Gab es schon in der Steinzeit. Schon der Steinzeitmensch lebte unter dem Betlehemstern.

Wer macht diese Erfahrungen? Wer sie erfährt, fragt nicht. Sieht sich als Davonläuferin aus der Öffnung. Aus welcher Öffnung? Da gibt es doch nicht mehr nur Öffnung. Offenheit ist jetzt, endlose, ins Ganze. Die hat der Kyrios durch seine Menschengeburt in unser tödlich zusammengekoppeltes, im Finstern erstickendes, schließlich alles erwürgendes Dasein gebracht. Aufgesprengter Himmel seither über jedem Menschen. Schließt sich nicht mehr, durch nichts mehr. Kyrios, kannst du mir sagen, warum ich trotzdem immer wieder herauslaufe aus deiner mir zugedachten, schon zufließenden, aber noch immer verdeckten Herrlichkeit? Das muß das verfluchte Davonläufer-Erbe vom Anfang sein. In der Beichte stellst du dich mir in den Weg, damit ich mir meiner bewußt werde. Wann sonst werde ich mir meiner bewußt? Da steht er. Ja, um dich geht es, sage ich. Da habe ich schon das Erste und Wichtigste eingesehen. Beichten verlangt die Einsicht, daß es um dich geht. Ich muß in der Tat unvergleichlich mehr und tiefer nachdenken jetzt, als früher bei Pater Jerome.

Pater Adrian kam gestern abend und wird uns heute nach der Messe im kleinen Sprechzimmer zum Beichtgespräch zur Verfügung stehen. Ich trage mich als Letzte in die Liste ein, dann muß niemand warten, wenn es bei mir zu lang wird. Ich sehe nicht klar. Vielleicht habe ich mir zuviel überlegt, zuviel Theorie, zuwenig Konkretes. Das Konkrete muß gesagt sein. Aber Kyrios, unsere Beziehung ist doch sehr konkret, und genau darüber muß ich mich prüfen, worüber sonst?

Ich frage mich: Was mache ich, wenn Pater Adrian verstimmt ist, weil ich neu beichten will? Aber der Erzbischof Martini hält seine eigene Beichtroutine auch nicht mehr aus. Geschehe, was will, ich werde unserm neuen Confessarius meinen Kyrios-Beichtweg vorlegen. Das wird allerdings seine Begleitung einfordern. Ob ihm das lieb ist?

Ich halte mich an den Text von Epiphanie. Sie kamen von weit herüber, über den Euphrat, durch Wüsten, feindliche Stämme, gefährdet durch wilde Tiere, Hunger, Durst, Zweifel und Erschöpfung. Ließen nicht locker, sahen dauernd nach dem Himmel, man sieht sie traben, Gesicht erhoben, sie blieben dran, der Stern, das Kind, der König. Was ich weiß, wußten sie nicht: Der Stern steht über dem Kyrioskind, dem Herrscher der Völker, dem Herrn der Welt.

Ich könnte ihnen sagen: Ihr Männer macht es vorbildlich! Ich werde Euch in meine erste Beichte bei Pater Adrian mitnehmen, ihm sagen: So radikal, so hingegeben suchen diese Männer das Kind – und ich? Suche ich es, nachdem ich doch weiß, wer es ist? Suche ich Gott? Grundfrage unseres monastischen Lebens.

Pater Adrian, werde ich sagen, meine erste Sünde ist die, daß ich mich noch nie darüber besonnen habe, mich noch nie darüber angeklagt, noch nie festgestellt habe, wie schuldhaft ich meine gelobte Gottsuche umgehe, verspiele, verdumme und verschlafe. Ist das vielleicht keine Sünde? Doch, eine Kapitalsünde. Denn alles hängt davon ab, daß ich durch Wüsten und Flüsse, wilde Tiere, mit Hunger und Durst unverdrossen auf das Kind zureite, und zwar unter dem Stern, dem Stern des Glaubens. Das genügte für meine erste Beichte. Darin ist das ganze Defizit eingeschlossen.

Es war alles einfach. Ich sagte Pater Adrian, wie ich hineingetrieben sei in den Glaubensraum, den mir der Kyrios seit Monaten aufzuschließen beginnt, wie es nicht mehr so weitergehen kann, was ich mir gedacht hatte für meinen Beichtweg, wieso nicht Jesus, wieso der Kyrios, und was der Kyrios für ihn, Pater Adrian, sei.

Keine Diskussion, es war alles gut. Schweigen, Zuhören, Bestätigen. Und Kyrios sei der feierliche Name des alttestamentlichen Bundesgottes Jahwe für den auferstandenen, erhöhten, gegenwärtigen und wiederkommenden Jesus, den Christus.

Und Pater Adrian fügte bei: «Ich freue mich, daß Sie in die Beziehung mit dem Kyrios eingefahren sind.»

Dann brachte ich meine liederliche Beichtpraxis der unter den Tisch gewischten unbezahlten Rechnungen vor. Ich las den Text der Sterndeuter von Epiphanie mit meinem, auf mich bezogenen Kommentar als Bekenntnis. Alles kam zur Sprache, eines nach dem andern, es war gut, wie sich alles so einfach ergab.

Meine Weihnachtsschwester,

Weihnacht und Beichte – weißt Du noch, wie ich vor einiger Zeit über meinem Buch «Talita» saß und die Geschichte der Herbergsuche beinahe mit der Geburt des Christkindes im Beichtstuhl endete? Natürlich paßt das nicht in die verbreitete Weihnachtsvorstellung. Die Gottesmutter kann nicht in einer Dunkelkammer niederkommen. Oder doch?

Dein Weg wird jetzt klarer: Eine ganz konkrete Bibelstelle wird zum Spiegel, in dem man in sich hinab sehen lernt. Im Reflex des Evangeliums kann man sich nicht mehr verstecken, sich nicht mehr mit künstlichen Lichtern begnügen. Das Weihnachtsevangelium stellt uns verschiedene Grundfiguren vor Augen. Da kommen außer den Weisen auch die Hirten, der hl. Josef, König Herodes usw. in das Geschehen mit dem Kind. Dieses Kind hat Himmel und Erde in sich, sagst Du. Greift man eine dieser Grundfiguren in ihrer Beziehung zum Kind heraus, hilft sie, die eigene Situation zu erkennen: wo man steht zwischen Himmel und Erde. Das Gezogensein, die Gottsuche der Weisen wird für Dich zur ernsten Frage, wie es mit der eigenen Gottsuche steht. Die Spuren eines Weges sind damit gezeichnet. Man könnte auf die Botschaft der Weihnacht auch wie die Hirten niederfallen und das Kind anbeten – oder auch nicht: man könnte sich fragen, ob man die Gottesfrage wie Herodes zu erdolchen versucht oder die Flucht mit dem Kind nach Ägypten wagt wie Josef. Das konkrete Evangelium der Menschwerdung Gottes hilft uns sehen, wer wir – zwischen Himmel und Welt hin und her gerissen – sind. Der Beichtstuhl wird zum neuen Betlehem, wo Gott im Menschen geboren wird, und der Stern glüht im Inneren auf, wenn der Menschgewordene durch den Priester hindurch vergibt, daß man ihn nicht erkannt hat.

Ulrike

2

TAUFE
DES KYRIOS

Februar–März

Zu dieser Zeit kam Jesus von Galiläa an den Jordan zu Johannes, um sich von ihm taufen zu lassen. Johannes aber wollte es nicht zulassen und sagte zu ihm: Ich müßte von dir getauft werden, und du kommst zu mir? Jesus antwortete ihm: Laß es nur zu! Denn nur so können wir die Gerechtigkeit ganz erfüllen. Da gab Johannes nach. Kaum war Jesus getauft und aus dem Wasser gestiegen, da öffnete sich der Himmel, und er sah den Geist Gottes wie eine Taube auf sich herabkommen. Und eine Stimme aus dem Himmel sprach: Das ist mein geliebter Sohn, an dem ich Gefallen gefunden habe.

MATTHÄUS 3,13-17

Jesus kam an den Jordan, um sich taufen zu lassen. Der Kyrios steigt ins Wasser. Der Täufer sagt: «Dich kann ich doch nicht taufen.» Der Kyrios gibt zur Antwort: «Die Gerechtigkeit verlangt es.» Welche Gerechtigkeit kann von ihm die Taufbeichte verlangen? Taufe bedeutet doch Umkehr, Bekenntnis. Was hat er denn zu beichten? Seine Taufbeichte wird ihn das Leben kosten. Zur Strafe dafür, daß er sich zur Sünde macht, zur Sünde der Welt, wird die Todesstrafe über ihn verhängt, und er bezahlt diese Buße.

Auch wir hören gelegentlich: Was habt ihr Frauen in der Klausur denn zu beichten? Genau darum geht es doch: Herauszubringen, was und wie wir beichten sollen in Anbetracht der Ungeheuerlichkeit, daß der Kyrios die Beichte für sich als Gerechtigkeit anerkannte, die er zu erfüllen habe. In Anbetracht dessen, daß seine Beichte ihm in Vertretung von uns allen das Leben kostete. Haben denn Frauen in Klausur dieses verfluchte Nein, das den Kosmos vergiftet hat, nicht auch im Blut?

Tatsache ist, seiner Identifikation mit eben diesem Nein zu Gott hat sich der Kyrios bei seiner Taufe angeklagt. Die Buße, Todesurteil, Aufhängen am Kreuz, nimmt er auf sich. So weit treibt er es mit der Erfüllung seiner Gerechtigkeit. Und das sollte mir über mich nicht zu denken geben? Heute in der Meditationszeit werde ich hineinlaufen in diese noch nie überdachte, so wichtige Sache. Es regnet ja nicht mehr.

Heute während der Lesung beim Mittagstisch aus dem Galaterbrief fiel mir im Zusammenhang mit der Auseinandersetzung Gesetz–Glaube ein, daß ich mir diese zentrale Thematik für meine Beichte einmal überlegen sollte.

Zufällig sehe ich soeben auf der Titelseite des «L'Osservatore Romano» in großer Überschrift: «Fortschritt im lutherisch-katholischen Dialog». Es handelt sich um eine «Gemeinsame Erklärung der katholischen Kirche und des Lutherischen Weltbundes über die Rechtfertigungs-Lehre».

Wenn als ein Mensch geboren, dann Biografie. Jedenfalls wirst du etwa dreißig Jahre alt. Dreißigjähriger Kyrios, Zeitloser, wie machst du das? Alles was ist, ist in dir, aus dir, zu dir hin geworden, du Schöpfer, machst dich zu deinem Geschöpf und schließt dich in dein Menschenwesen so ein, daß es niemand sieht. Und gehst eines Morgens hinab an den Jordan.

Epiphanie geht aber mit dir weiter, aufgesprengter Himmel geht mit dir hinab ans Wasser, die ausfließende Heilsherrlichkeit bleibt nicht in deiner Geburt unterm Offenbarungsstern bis in deine Auferstehung abwartend zurück. Der, der du bist, Zeitloser, steigt in den Fluß und sagt zu Johannes: «Taufe mich» ...

Abt Christian Sch. hält uns Exerzitien. Ich werde heute abend beichten gehen. Mich einmal über mein Beichten besinnen, meine Beichtmotive heraufholen. –

Immer stecke ich in derselben Klemme. Beichten – eine sündhafte Gelegenheit. Sündhafte Gelegenheiten sind zu meiden und zu gestehen, wenn man sie nicht gemieden hat. Die Sache ist klar. Man steckt über den Kopf im Egoismus, und da ist die Beichte bei einem interessanten Beichtvater eine hochwillkommene Gelegenheit, sich mit seinem Zustand des «totalen Egoismus auch im geistlichen Leben» fromm zu produzieren. «Da sehen Sie, Herr Abt, welche Demut!»

Die Schwierigkeit ist die: Wie soll ein sündiger Mensch etwas Gutes tun, ohne daß er dabei sündigt? Schon diese Erkenntnis findet er großartig. Also Teufelskreis der Beichte. Ich gehe trotzdem beichten heute abend, samt Teufelskreis und Klemme.

Exerzitienbeichte. Es ging gut. Da war doch das Lamm am Jordan. Johannes wußte, wer der Kyrios war, das Lamm, das die Sünde hinwegnimmt. Du, Lamm, bist die Lösung. Ich vermochte die Dinge zu sagen, wie ich sie sah. Denn all das Sündige, Kaputte, Verteufelte, in Sich-Verzwängte, das man nicht in Klarsicht und Griff bekommt, nimmt das Lamm Gottes weg, wie es wirklich liegt. Damit ist der Teufelskreis durchbrochen. Das Lamm ist die Lösung für die Sauberkeit der Beichte. Die Er-lösung.

Es gibt eine Reinheit, eine geschenkte, die heraus ist aus der Klemme des Egoismus. Eine reine Reinheit. Sie biegt sich nicht auf sich selbst zurück. Klarheit der objektiven Wahrheit. Die sieht, was ist. In mir und mit mir. Sie sagt, was sie sieht, basta. Sie sieht das faule Grundwasser im Innern und was das anrichtet. Und weil Wahrheit Licht ist, Licht, nicht von meiner Erkenntnis her, von dir her, Kyrios, Lamm, darum sehe ich, was die Wahrheit sieht: eingefleischte Fäulnis. Man sieht sie wie eine Landschaft. Nicht aus der Vogelschau. Man steht darin. Man fragt nicht, peinlich berührt: «Aber gibt es denn so etwas in mir?» Man schaut auf und sucht dich, Kyrios, Lamm Gottes, das hinwegnimmt alle Fäulnis der Welt. Und du bist da.

Ich wußte, daß Epiphanie weitergeht, durchs ganze Jahr weiter: an Weihnachten im Zeichen des Sterns geschieht und sich dann über dem Jordan manifestiert, über der Taufe des Kyrios durch den aufgesprengten Himmel. Wieder diese Helle in der Zusammenschau, Faszination der Möglichkeit, auch aus diesem Text, auch von da her mit der Beichte ins Geheimnis Gott–Welt durchzustoßen. Wieder diese offene Gegend in den Augen.

Sr. Lea sitzt neben dem Holzpfeiler auf dem Mäuerchen der Gartenhalle. «Mir bricht das Herz», sagt sie. Ich lache, aber sie sieht mich flehend an. «Mir bricht das Herz!» Sie muß morgen wieder aus ihrer privaten «Wüstenzeit» ins Leben des Konvents zurück. Sr. Lea weiß auch, daß man im Leeren sitzen muß, wo es keine Gegenden um sich gibt, und daß sie dort darin ist, im Geheimnis des Kyrios. Sie weiß es auch, ist noch jung, aber sie weiß es. Da sieht man, wie wahr die Wirklichkeit hinter allem ist, in der «Wüste» nimmt man sie wahr.

Vierzehn freie Tage in Einsiedeln. Ulrike wollte sich gleich eine Jacke kaufen. Im dritten Geschäft hing sie, schwarz mit rot und weiß karierter Innenseite und derselben Kapuze. Aber im Taschenfutter ein Riß. Man gab ihr dafür Rabatt. Ich werde ihr Nadel und Faden zum Flicken leihen, habe mein Nähetui mitgenommen.

Heute morgen unser erstes Zusammensein mit «Kyrios und die Beichte». Ulrike will beim Stiftsbibliothekar eine griechische Konkordanz für die Kyrioszitate erbitten. Immer wieder Klarstellung: Was weiß, was meldet die Schrift über den, an dem kein Mensch vorbeikommt? Der wie von selbst unsere Tage belegt, als seien die schon in die Zeitlosigkeit eingefahren und wir mit ihnen, auch wenn wir uns das nie überlegen.

Hat Pater Adrian nicht gesagt, er freue sich, daß ich in die Beziehung mit dem Kyrios eingefahren sei? Ich kann mich nicht mehr umdrehen oder rückwärts wieder ausfahren, wie Ulrike ein paar Mal rückfahren, aus einer Straßenrichtung in die andere steuern mußte, da sie als Ausländerin die Einfahrt in die Autobahn suchen mußte und schließlich auch fand. Nun steht ihr weißer Wagen angekommen im Klosterhof. Einfahren ins Geheimnis des Kyrios – da läßt sich weder der Motor abstellen, noch kann man sich da in die Garage einschließen. Auch nicht bis auf weiteres im Kloster parkieren.

Schnee auf den Klosterstallungen, auf den Waldhängen dahinter, keine Vögel hier, eine Stille fast geräuschlos. Nur die Klosteruhr schlägt ihre Stunden donnernd über das Tal hin. Diese Stille dreht mich auf Eins. Keine Bewegung von mir weg, zurück ins Vielerlei hinaus. Aber was soll ich in diesem Anhalt am Ort, ohne Gestalt und Sinn? Sinnleere und doch vom Nichts so erfüllt, daß nichts mehr fehlt. Dahinter ist wohl das Alles. Was sonst?

Pater Adrian fliegt heute abend nach Berlin, nimmt sich aber noch Zeit zum Beichtgespräch im Sprechzimmer Nummer 8, wo die steifen Äbte im Getäfer hängen. Er läßt mich lesen. Aus der Bibel. Keine Stola, kein Ritual, sitzt mir gegenüber vor der gehäkelten Tischdecke, hört, sagt nichts, ist mit darin in meinem Versuch, diesmal durch das Kyriosgeheimnis der Taufe tiefer in mich hinab zu sehen. Es ist richtig so: Erst die Kyrios-Hymne des Kolosserbriefes lesen. Dann den Bericht von Jesu Taufe, dann die letzten paar Abschnitte aus meinem Beichtbuch hier. So kann mir Pater Adrian in mein Grunddunkel, das ich endlich heraufholen möchte, folgen. Muß das? Ja. Er ging gleich selbst in den Text und sagte: «Sie haben mir Ihre letzte Seite unterschlagen, wo Sie vermutlich vom offenen Himmel über den Beichtstühlen sprechen. Darum geht es aber jetzt hier: Das Sakrament der Beichte macht das Ereignis über dem Jordan auch über Ihnen wahr.» Aufgesprengter Himmel über mir. Pater Adrian geht wirklich mit. «Er bleibt offen», fügt er bei. «Geht nie mehr, gar nie mehr über Ihnen, über keinem Menschen mehr, zu.» Als Buße hatte ich die Pfingstsequenz zu beten.

Vielleicht sehen wir uns am Montag noch kurz, da er sonntags von Berlin zurück ist und wir dienstags wieder abreisen müssen.

Teresa hatte mich über Fax, den mir Bruder Alberich neben mein Gedeck auf den Mittagstisch legen ließ, wissen lassen, ihr Mann müsse von heute auf morgen geschäftlich nach Australien fliegen. Ihr Lektürenkreis kam also ohne Rainer, Pater Adrian hatte uns eines der Klostersprechzimmer freigehalten. Draußen ist zwar Sonnenwetter, aber man kann noch nicht am Waldrand oben zum Gespräch beisammen sitzen, Teresa beschäftigt die Christologie. «Die Christusfigur», sagt sie. Was sie damit machen soll. Theologischer Lehrstoff, den sie natürlich kennt. Erfahrung könnte Weg in diese Zentrale unseres Glaubens sein. Kyrios? Noch nicht. Ich wage noch nicht, von meinem Beichtweg zu sprechen. So schlage ich eine Lesung aus meinem «Der Fisch und Bar Abbas» vor. Pierre hält das für eine gute, eine «alttestamentliche Umgehung» der Jesus-Frage. Pierre ist Rechtsanwalt. Er weiß, wie man Gespräche aus dem Engpaß herausholt. So begann ich denn, wie das Buch im Paradies beginnt:

«Die Flüsse liefen immer noch durch die Alleen, und die Krane drehten sich, wir waren also gar nicht vertrieben. Aber Gott war weggegangen.»

Wir haben Levkojen, Rosen und Ranunkeln für Mutter Priorin gekauft. Jetzt bleiben mir nur ein paar Münzen. Aber Ulrike hat noch Geld. Bis wir zurückfahren, werden wir also durchkommen. Sie brachte mir heute drei Bände Kommentar des Matthäus-Evangeliums, die sie gleich nach der Messe in der Stiftsbibliothek bei Pater Odo geholt hatte. Ich möchte nur wissen, ob ich recht sehe und richtig gehe mit der Überzeugung: Jesu Taufe eröffne sein Passionsdrama.

Es ist so: Daß er in den Fluß hineinsteigt und sich von Johannes untertauchen läßt, eröffnet das Drama. Das Schauspiel beginnt, da ein Mensch, der Gott ist, in der Gottlosigkeit der Menschengeschichte untertaucht, um sie beim Auftauchen mit sich ans Kreuz aufzuhängen. Das beginnt hier. Niemand weiß es. Nur Johannes ahnt etwas. Doch ja, dieses Drama ist mit der Taufe eröffnet. Der Kyrios stellt nichts richtig. Er bleibt bei seiner Identität als stellvertretender Verdammter. Die über ihn dafür verhängte Buße lautet auf Todesstrafe am Kreuz.

Da hinein schauen hängt mir Gewichtssteine an die Füße meines Selbstverständnisses. Todernst wird die Suche nach dem Sinn meiner Beichte. Aber dann geschieht etwas über dem Jordan. Auch das gilt mir.

Immer spreche ich von der Beichte und noch kaum von der Sünde. Es ist beinahe sonderbar, wie wenig die mich beschäftigt hat all die Zeit. Sonderbar, weil Beichte immer eine, soll ich sagen: «Folge der Sünde» ist. Und ohne diese gar nicht stattfinden kann. Hat mir doch früher einige Male der Pater hinter dem Beichtgitter nahegelegt, mangels «neuer» Sünden solche von früher, ohne sie nochmals zu bekennen, stillschweigend in Reue und Bekenntnis einzuschließen, da Absolution ohne Materie gegenstandslos und damit sinnlos sei.

Ich nehme an, es ist so: Der Mensch sündigt, weil er – wie Bischof Kurt Koch sagt – mit dem adamischen «Sündenerbe» zur Welt kommt. Durch das Gesetz sieht er, was Sünde ist. Im Gesetz entdeckt er sich als Sünder. Meine Ordensregel deckt mir mein monastisches Fehlverhalten auf. Um mich nicht zu verfehlen, muß ich die Regel «halten». Aber Gehorsam, damit gehorcht ist, sich der Regel unterwerfen, um an meiner Befolgung meine moralische oder spirituelle Qualifikation ablesen zu können, was soll das? Hat das etwas mit dir zu tun, Kyrios? Man wäre eine alttestamentliche Gesetzeskreation, untauglich für unsere Beziehung.

Ulrike wird mir sagen, wie es sich verhält. Sie plant im September ihren Umzug in eine deutsche Abtei, kommt aber im August noch für ein paar Tage zu uns.

Sibylle W. schreibt nach unserem letzten Zusammensein in Teresas Lektürenkreis:

> «In unserm letzten Gespräch ist mir eines ganz besonders aufgefallen: Deine Aussage, daß sich die Gewichtung, die Perspektive Deiner Gottesbeziehung gewandelt hat, vom Subjektiven ins Objektive. Ja, ich glaube, dies ist ein ganz wesentlicher Aspekt unseres Daseins, daß wir uns als Teil des Ganzen spüren und verstehen.»

Ist es nicht so, Kyrios? Seit ich dich kenne, stehe ich nicht mehr nur in mir da, stehe ich in deiner Wirklichkeit. Und die hat die ganze Schöpfung und den Himmel in sich aufgenommen. Immer muß ich ins Ganze hineinhören, hineinschauen, hineindenken. Es gibt nichts mehr, was mich in meiner Beziehung zu dir betrifft, das jetzt nicht alles betrifft.

Ich sprang heraus. In deine Gegenwart, Jesus-Kyrios, ich sprang durch meinen Sündenspiegel hindurch in das Neue, den Glauben an dich. Weiß nichts mehr, als daß du mich liebst, noch mehr, daß du auf mich hin da bist – hast du selbst gesagt. Und daß du mich auf dich hin gemacht hast. Sünde ist, das zu vergessen. Denn dann steh ich in mir selbst da und damit in meinen Egoismen. Die zerstören, wie die jungen Füchse im Hohenlied den Weinberg, die Sicht auf dich. Sie drehen mich dauernd mir selber zu. Potentieller Abfall, Sünde. So verstehe ich sie jetzt, sie muß von dir her erkannt sein.

Eine Leere, die voll ist, das gibt es. Wo nichts ist, kann alles sein. Gedankenlose Leere. Man kann nichts behaupten. Das einzig Richtige ist, still sitzen irgendwo, wo nichts ist, das zählt ... Dann läßt sich das Dahinter wahrnehmen, wahr-nehmen. Dann kann die Gegenwärtigkeit des Kyrios als Kommender, als Schmelzer andrängen, und man erkennt es. Doch dann soll man wieder aufstehn und das tun und das und das und bis in den späten Abend alles, was getan sein muß, tun. Inzwischen geht es weiter, daß seine Gegenwart hereindrängt. Es ist schwierig, in diesem, immer wieder in diesem Inzwischen zu sein, man hat Angst, man verliere alles im Getue seines Alltags.

Liebe Silja,

ich sehe in Deinen Texten den aufgesprengten Himmel an den Jordan gehen. Das Ereignis der Weihnacht ist nicht zu Ende. Ich hatte einmal aus dem Wunsch heraus, die Weihnacht möge nie enden, meinen Weihnachtsbaum das Jahr über im Wohnzimmer stehen lassen. Natürlich waren ihm längst die Nadeln ausgefallen, und meine Gäste fragten sich mitten im Sommer, ob noch Weihnacht sei. Die Weihnacht geht übers Jahr nicht fort – sie geht mit.

Der in Betlehem geboren ist, genau dieser geht jetzt hinab an den Jordan. Du nennst ihn wieder Kyrios, weil er der gleiche ist. Aber etwas hat sich geändert. Die Spannung von Himmel und Welt scheint mit dem Betlehemskind mitgewachsen. Oder liegt es an unseren Augen, daß wir jetzt gerne wüßten, was auf dem Grund des Wassers geschieht? Dich beschäftigt die Gerechtigkeit. Er, der Sündenlose, läßt sich taufen. Die einzige Sünde, die er bekennen könnte, ist die unsrige. Es wäre gerecht, daß Jesus Johannes tauft; Jesus dreht es um, kündigt mit seinem Hinabtauchen ins Wasser eine neue Gerechtigkeit an, die im Geheimnis seiner Erniedrigung wurzelt. War es denn gerecht, frage ich, daß Gott Mensch wurde? Die Ab- und Auf-Bewegung menschlichen Lebens hat im Unter- und Auftauchen Christi eine neue Gestalt gefunden.

Du schaust nicht als Zuschauer auf die Sache. Du stellst Dich selbst unter den aufgesprengten Himmel, wo die Taube kreist und die Stimme spricht. Wenn das Ereignis am Jordan in der Beichte im Menschen wahr wird, dann steigen wir an den Grund des Wassers, um gewandelt aufzutauchen und die Stimme zu hören: Du bist mein geliebter Sohn; du bist meine geliebte Tochter.

Da braucht man alte Sünden wirklich nicht mehr zu beichten.

Ulrike

3

VERSUCHUNG DES KYRIOS

März–April

Sogleich trieb ihn der Geist in die Wüste. Dort blieb er vierzig Tage lang und wurde vom Teufel versucht. Er lebte unter wilden Tieren, aber Engel bedienten ihn.

MARKUS 1,12–13

Land aus Sand. Endlos. Sand bis an den Himmel, der kommt aber immer nicht. Er weicht weg, wenn man auf ihn zustolpert. Da hinein wird der Kyrios getrieben. Warum fängt die Wüste nicht an zu blühen? Warum bricht kein Wasser aus den Steinen? Der Prophet Jesaja hat die Verwandlung doch gesehen: ausgefüllte Täler, abgetragene Dünen, Wiesen und rauschende Wälder, Frühlingsland, dann, wenn er kommt: der Herr, der Kyrios.

Schon damals hat man auf ihn gewartet, hat der Seher ihn kommen sehen, sah er, was dann geschieht.

Wie ist das, Kyrios? Du kamst doch jetzt? Aber Du tust ja nichts! Läßt nichts sprießen unter deinen Füßen, nichts geschieht. Kein Wasserfall aus den Felsen, aus den Steinen strömen keine Seen, nichts dergleichen. Der Kyrios, die Herrlichkeit Gottes in Person stolpert im Sand dahin, über Geröll, und außerdem Schakale und Löwen, Wüstenlöwen, Wüstenwölfe und solches Raubgetier, wie war das nur? Gott in der Wüste? Ein armer Büßer, nichts weiter.

Der Kyrios in der Wüste. Nicht der Kyrios? Nur Jesus? Nur Jesus gibt es nicht. «Ehe Abraham ward, bin ich.» Wer sagte das? Jesus oder der Kyrios? Ich weiß es, der Kyrios Jesus. Das macht aber mein Leben wie aufgesprengt ins Unfaßliche, ich habe mich so an Jesus den Menschen gewöhnt. Daß er Gott ist, das war kein Problem, selbstverständlich Gott und Mensch, aber doch einfachhin Jesus. «Jesus dir leb ich, Jesus dir sterb ich, Jesus dein bin ich» . . . Auch beim Beichten war es Jesus, mit dem ich zu tun, der mit mir zu tun hatte.

Jetzt ist es anders. Ein Gegenwärtiger, nicht Weg-zu-Diskutierender, Jetzt-Seiender ist es jetzt, und die Beziehung ist es jetzt, die einem auslöschte, wenn nicht er sie dauernd schaffte. Und der ist es, der sich von mir beleidigen läßt, damit er mir verzeihen kann.

Ich werde Pater Adrian von meinem aufgesprengten Leben oder Denken oder – wie sage ich? – werde ihm davon reden. Es ist wirklich etwas offen, spaltweit offen jetzt. Das muß er wissen, denke ich. Natürlich habe ich auch zu beichten, etwas, ich muß es mir noch genau überlegen. Nicht nur etwas, genau das, was ich in mir einsehe vom Schrifttext her.

Wüste als solche ist Anfechtung. Und wenn Klausur Wüste ist, stehen und leben und kämpfen wir uns unser klösterliches Leben lang im Sand herum. Klausur als Wüste: Ort des Hungers. Nach dem Leben, aus dem man herkommt. Wüste kriecht in der Klausur in uns hinein. Toter Sand, dort wo man früher seine Gefühle hatte. Monotonie der Stunden, der immer gleichen Gestalten, Gesichter, der Teufel hockt in der Wüstenklausur, derselbe, der den Kyrios umlauerte. Derselbe. Habe ich noch nie überlegt, der uralte Satan, der Aufruhr in verdammter Person, der hockt sich mit Vorliebe in die Leere, die alten Mönche wurden bleich, wenn sie davon sprachen.

Pater Adrian hat von sich aus den früheren Zug genommen und uns Frauen zuliebe die Homiletikstunde an der theologischen Hausschule der Abtei ausfallen lassen. Sein Artikel über Dionysos nach Edith Stein sei zwar dringend fällig, wie er mir sagte, aber er erachte seinen neuen Auftrag der spirituellen Begleitung selbstverständlich als ein sehr wesentliches Anliegen. So sitzt er denn in der Beichtkapelle, und ich stehe hinter der Klausurtüre, bis sich die auf heute anberaumte Exkursion der kantonalen Regierungsmitglieder in den Paramentensaal nach oben verzogen hat.

Die Gewissenserforschung ist problemlos: Die Versuchungen des Kyrios müssen mich selbst betreffen, sie sind exemplarisch. Brot machen aus Steinen: Angebot aller Reiche der Welt: sich von der Tempelzinne stürzen. Es ist nicht leicht, seinen Zustand in diesen Anfechtungen zu sehen. Man muß sie in sich hinein projizieren und dann sehen, wie sie als das eigene Übel daste- hen: Genuß-Sucht, Machtbedürfnis, Geltungsdrang. Werde ich alles in concreto zu sagen versuchen. Es macht nichts, daß die Leute vom Kanton noch immer an den offenen Gangfenstern nach dem innern Garten stehen und von Thymian reden und Rosmarin, von Kräuterschnaps und Fahrer-Heilwassern. Ich habe zu überdenken, wie ich mit Pater Adrian über meine Lage, wie sie in der Perspektive der Wüsten-Perikope aussieht, spre- chen soll. Er selbst kann ja Brevier beten, bis die Herren und Damen weg sind und ich heraus in die Beichtkapelle kommen kann.

Pater Adrian hatte das Fenster der Kapelle nach dem Friedhof geöffnet. Die Büsche unten zwitschern vor Vögeln. Ein Hubschrauber rasselt herüber. Wir begrüßen uns, ohne etwas zu hören im Lärm von draußen herein. Er hatte diesmal die Bibel mitgebracht. Sehr gut. Das bedeutet gewiß sein Einverständnis mit meiner «Beichte aus der Bibel». Früher hatte ich mit einem vorgegebenen Gebet begonnen. Aber es geht ohne Ritual jetzt. Ich bitte Pater Adrian, erst die Perikope von den Versuchungen Jesu in der Wüste lesen zu dürfen. Er nickt. Zum Garten- und Fluglärm kommt jetzt die Innenrenovation der Kirche. Die Bohrmaschine unten im Altarraum duckert durchs geschlossene Kapellenfenster, Männerzorn und Gepolter von Balken. Das akustische Umfeld meiner Meditationsbeichte.

Meditations-Beichte, das ist der Begriff, der mir eben jetzt einfällt. Bedeutet: Schrifttext lesen, sich besinnen, soweit dies nicht draußen hinter der Klausurtüre geschehen ist, sich mit einzelnen Ereignissen im Hinblick auf sein persönliches Gewissen auseinandersetzen. Man sieht ausgesprochen klar auf diese Weise. Klarer als früher, als man in die zerflossene Luft der Erinnerung hineingriff, um die Sündenfliegen darin zu fangen. Weit über den Unterwasserbrocken, von denen man nichts ahnt, hinweg.

Meine Beichte war kurz, dauerte vielleicht sieben Minuten. Der Text tat sich auf, eine Luke weit in mich hinab. Da unten, Offenheit ins Dunkel. So erging es mir noch nie. Da drunten, Grundwasser in mir, ich darin, Einzelheiten verschwammen. Da unten sieht man sein Ich und dessen Polypenarme der Gier nach allen Seiten. Im Detail wird die nicht gefaßt. Es hatte mich in mich hinabgedreht, was ich heraufholen wollte, tiefer hinab als nur dorthin, wo ich die Übel suchte. Etwas wie Zerknirschtheit brach auf, überschwemmte mich, ich habe wohl gestottert.

Pater Adrian schwieg. Sagte dann: «Letzte Woche war ich in Wien.» Wie? Wien? Was sollte das in diesem Augenblick? Sprach von seinem Besuch beim Erzbischof, von der dortigen Lage der Kirche, von einem Gottesdienst in einem armenischen Kloster, der habe ihn erfaßt, erschüttert – pfingstlicher Jubel der Gemeinde, und wir im Westen. –

Kein Wort zu meiner Beichte. Ich hatte versucht, mich aus mir heraufzuholen. In die Helle, die vom Kyrios in der Wüste in mich hineingefallen war. Hatte unter diesem Ein-fall vor Benommenheit gestottert. Was soll da Wien, der Erzbischof, armenisches Kloster? Ja, und er habe nachts nichts geschlafen, ob des pfingstlichen Singens der Leute. –

Um Buße und Absolution mußte ich erst noch bitten, er hatte beides vergessen. Er lächelte freundlich, als ich ihm zum Abschied steif die Hand gab.

Sie brechen eine Türe aus, vom Chor der Kirche in den obern Zellengang. Seit drei Tagen kein Strom zum Schreiben. Ich bat um Auskunft, wie lange das dauern soll. Der Mann vom Elektrizitätswerk sei heute nicht da, sonst wisse niemand von den Baumännern etwas darüber, das gehe sie nichts an. Aber mich geht es an, ich brauche Licht und Strom. Bin ohnehin wie ausgelöscht, zugemauert. –

Nun sitze ich im kleinen Kopierzimmer, Kabel, Dose, Sparlampe, alles klappt, aber ich muß mir erst klar werden, Kyrios, was ich tun soll. Ich gebe auf keinen Fall auf, gehe weiter mit dir, wohin es dich treibt in der Schrift. Hat dich die Taube, der Geist, eine Feuertaube, weggetrieben ins Unberechenbare der Wüste, dann vielleicht, dann sicher auch mich, ich bin sicher. Weggetrieben aus meiner geistlichen Selbstsicherheit, meinem Hang zu Protest, meinem Aufruhr. –

Nachts liege und drehe ich mich in Pater Adrians Zuspruch: Wien gewesen, Bischof, pfingstlicher Jubel – keine Absolution, keine Buße, ich mußte darum bitten. «Buße?» hatte er gefragt. Und sich besonnen. «Buße? Können Sie sich selber erteilen!»

Ich hatte nicht den Mut gehabt zu sagen: «Pater Adrian, Sie haben ja gar nicht hingehört.»

Er hatte nicht hingehört, er war nicht anwesend, er war anwesend, aber nicht darin im Raum meiner Anklage. Und er war doch letztes Mal völlig einverstanden gewesen mit meinem neuen Beichtweg. Ich hatte ihm ziemlich heftig, ich entsinne mich, sehr heftig erklärt, warum das alte Beichtmuster für mich vorbei sei, nicht mehr annehmbar, und daß ich sehr froh sei, daß er nun an Stelle von Pater Jerome unser geistlicher Begleiter wäre, und er darauf: «Ich freue mich, daß Sie in die Beziehung zum Kyrios eingefahren sind.»

Kyrios, du hast deine Wüstenzeit samt dem Teufel wunderbar gelassen bestanden, als Teil deiner Buße, deine Weltsühne. Schon Israel mußte vierzig Jahre Wüstenbuße tun. Hatte Pater Adrian den Auftrag der Taube, der Feuertaube, mich in die Wüste hinaus zu treiben? Ich bin nach wie vor im Aufruhr. Sand, Sand. Sie brechen Mauern durch, auch vom Chor der Kirche in den mittleren Gang. Staub liegt, wo man geht und steht und atmet. Sand auch innen in meinem seelischen Getriebe. Wüste in ihrer alles zudeckenden, gewalttätigen Präsenz, Klausur ist Wüste. –

Etwas will mich zumauern, will mir den Einfallsatem nehmen, von dem mein Suchen leben will. Diese Männer! Was verstehen sie von uns Frauen und unserm geistlichen Weg ins Ganze? Schon Teresa von Avila hatte ihrem Beichtvater erklärt: «Ihr Männer kennt uns Frauen noch lange nicht.»

«Eine unberechenbare Population» nennt Pater Heinrich uns Ordensfrauen. Kyrios, er hat recht. Wer sich auf dich einläßt, und das tun wir Frauen in Klausur doch, den kann man nun einmal nicht mehr berechnen. Hat schon Paulus geschrieben.

Immer dieses: «Ich war in Wien». Pater Adrians Zuspruch, gespeichert in meinem Un-Verständnis. Trage ich in mir herum. Was ich vergessen hatte: Er habe, da er nachts nicht schlafen konnte, immer «Gratias agimus» gebetet. «Gratias agimus tibi, propter magnam gloriam tuam», ein im Grunde erstaunliches Gebet. Immer denke ich jetzt an diesem vergessenen Passus seines Zuspruchs herum … Der Ärger hatte ihn mir aus meinem Bewußtsein gewischt.

«Gratias agimus tibi, propter magnam gloriam tuam.» «Als ich auf die Uhr sah, waren fünf Stunden wie ein Augenblick weg», hatte er fast verlegen beigefügt. Gloriam tuam – Kyrios, das geht dich an, was heißt: gloriam tuam, gloriam. –

«Für Asasel» – Da wird ein Widder, beladen mit der Schuld des Volkes in die Wüste hinausgetrieben. «Für Asasel» stand heute morgen im Lektionar, als biblische Lesung der Vigil.

Beladen mit der Schuld des Volkes, hinausgetrieben in die Wüste, das ist doch – Kyrios, da bist doch du schon voraus skizziert. Als Teil deiner Erlösungstat, deiner Versöhnungstat, hinausgetrieben in die Wüste. Das hätte mich nicht getroffen, stolperte ich nicht selber im Sand herum seit meiner letzten Beichte. Erstes Testament erfüllt sich im zweiten, im Gleichnis verbirgt sich die Erfüllung. Und ich? Bin ich da mit darin? Bin ich doch auch im Neuen. –

Gestern nach dem Vortrag von Dr. Robert St. über «Symbol Wüste» mußte ich, leise getrieben, ins Kapitelhaus, unserm Meditationsraum mit dem Allerheiligsten, mich hinsetzen und still sein. Da war es wie eine Flamme aus dem Sand, innerlich. Ich sah nichts, aber es war, als sähe ich sie hochschlagen. Ganz hinten saß Schwester Beata und hustete. Hustete dauernd. Es sei ein Herzhusten, sagt sie, man könne nichts machen. Ich brachte es nicht fertig, aufzustehen und hinauszugehen. Ich blieb sitzen. Es kam vom Tabernakel her. Wüste, Ort Gottes. Darum die Flamme im Sand.

Heute nacht hat sich Pater Adrians Zuspruch in Einsicht aufge-
löst. Er hat in Wien die Herrlichkeit des Kyrios erlebt. Die ließ
ihn nicht schlafen die Nacht darauf. «Gratias agimus, propter
magnam gloriam tuam» – Kyrios, das ist deine Herrlichkeit, die
«Gloria-Dei». Die brach im Jubel der armenischen Gemeinde
hoch, schwang sich in Pater Adrians schlafloser Nacht in stun-
denschmelzendem Dankgebet aus – «propter magnam gloriam». Er hat in Wien den Kyrios erlebt und ihn mir in meine
Beichte nach Hause gebracht!

Liebe Schwester Hedwig,

das Bild vom Kyrios, der durch die Wüste dahinstolpert und 40 Tage lang fastet, hat seine Grundskizze schon Jahrhunderte vor Christus erfahren: Es trägt noch die Züge eines ganzen Volkes, das sich 40 Jahre lang durch die Wüste schleppte und in Hitze, Hunger, Durst und Verzweiflung fast erlag. In diesen 40 Jahren Wüstensand schillerte jedoch die Verheißung des gelobten Landes. Die 40 Jahre verjüngen sich nun auf 40 Tage, das Volk verdichtet sich auf einen einzigen Menschen, das gelobte Land kommt in Person. «Nur Jesus gibt es nicht» – Du siehst den Menschen auf Gott zugehen und nennst ihn Kyrios. Gott und Mensch, Herrlicher und Versuchter zugleich ist er. Noch in einem anderen Sinn kannst Du sagen: «Nur Jesus gibt es nicht.» Das Beziehungsphänomen Kyrios hat eine vertikale *und* eine horizontale Ausdehnung: Da stolpert in diesem Kyrios ein ganzes Volk Gott entgegen, kühner gesagt: die Menschheit. Die Grenzerfahrung dieses einen, der in der Wüste von wildem Getier und dem Teufel umlauert ist, hat etwas zu tun mit unseren Grenzerfahrungen von Einsamkeit, Anfechtung und Verzweiflung. Aber weil dieser eine in die Falle, die ihm schließlich der Versucher setzt, nicht hineinfällt, sondern die Grenze überschreitet, hat er mit seiner Sprengkraft einen Spalt zum Durchschauen geöffnet. Wenn der Spalt zum Schlupfloch wird, ist man schon eingefahren in den Beziehungskosmos «Nur Jesus gibt es nicht», darinnen die Engel dienen.

Das Wüstenereignis, das die Bibel wiedergab, wurde Dir so lebendig, daß Du selbst in die Wüste getrieben wurdest. Dein Beichterlebnis geschieht in einer Analogie zur biblischen Wirklichkeit. Meistens geht die Wüstenerfahrung eher der Beichte voraus und mündet in sie ein. Daß Du sie umgekehrt als Wirkung der Beichte erlebt hast, macht eine Qualität der Beichte sichtbar. Sie ist nicht einfach ein Endpunkt, sondern steht innerhalb eines Prozesses. Die Vorbereitung auf sie ist sehr wichtig. Aber der Prozeß ist mit der Vergebung noch nicht abgeschlossen: ihre umgestaltende Kraft darf nachher spürbar werden. Sie kann in die Erkenntnis eines Glaubensgeheimnisses einführen, und mehr noch: sie kann schenken, daß man Anteil daran hat.

Ulrike

4

DER KYRIOS
AM JAKOBSBRUNNEN

April–Mai

Jesus war müde von der Reise und setzte sich daher an den Brunnen. Es war um die sechste Stunde. Da kam eine samaritische Frau, um Wasser zu schöpfen. Jesus sagte zu ihr: Gib mir zu trinken. – Die samaritische Frau sagte zu ihm: Wie kannst du als Jude mich, eine Samariterin, um Wasser bitten? – Jesus sagte zu ihr: Wenn du wüßtest, worin die Gabe Gottes besteht und wer es ist, der zu dir sagt: Gib mir zu trinken! dann hättest du ihn gebeten, und er hätte dir lebendiges Wasser gegeben.

JOHANNES 4,6–10

Die Zeit läuft. Das Kirchenjahr lief gestern in der Messe auf den Jakobsbrunnen zu. Jedes Jahr kommt es dort wieder an. Jedes Jahr sitzt dann der Kyrios auf der Brunnenmauer dort, rechnet damit, daß ich mit meinem Krug zum Gespräch komme. Er weiß, daß auch ich müde bin und Durst habe. Er bietet mir Trinkwasser an, fließendes, frisches. Ich weiß mehr als die Samariterin darüber. Du bist müde, Kyrios. Wie? Kommst jahrmilliardenlang, kommst noch länger auf uns zu, ewiges Licht, ohne Anhalt, ohne erschöpft zu sein, kamst schon so lange auf das samaritische Mädchen zu, auf mich zu, und bist müde von den paar Stunden Wanderung von Judäa nach Galiläa! Ja, wirklich. Aber ich weiß doch, Gottes-Mensch, Kyrios, wie sich das verhält mit dir.

Offerte göttlichen Lebens, ja einfach so, aus Liebe. Sie ist Ursache des Angebotes von der Mauer des Jakobsbrunnens her. Wie ist das: Jeder Mensch wird zu diesem Brunnen gerufen, gelockt, getrieben, die Menschheit – man sieht sie daherkommen mit ihren Krügen, leer, vielleicht kaputt, zersprungen. Der Brunnen bist du, Mensch-Jesus, samt der Quelle darin, du Kyrios-Jesus, die Herrlichkeit. Das bist du. Daß du einmal dort vor dem Stadttor saßest, vor Sichem, das ist nur zeichenhaft, selbst wenn es wirklich so war. Zeichenhafte Wirklichkeit: Offenbarung deines Wesens – soll ich sagen: deiner gottmenschlichen Identität? Ist wieder Epiphanie, was hier aufleuchtet. Sehen sollt ihr und doch nicht sehen, sagt Jesaja. Das Mädchen, das Wasser schöpfen kommt, will aber sehen und verstehen. Ich auch.

Der Garten lag ausgetrocknet da. Wenn es lange nicht regnet, bekomme ich Angst, eine Art Lebensangst – für die Wiesen, Bäume, Blumen und Fische, die Vögelchen und jungen Füchse. Vielleicht weil sich darin meine Herzensdürre, meine Glaubensdürre anzeigt, das Austrocknen der geistlichen Energien, könnte sehr gut sein. Jakobsbrunnen – wo man lebendiges, Leben schenkendes, erneuerndes Wasser schöpfen kann, das von Unheil heilt! Eine bessere Beichtperikope hast du uns nicht anbieten können, Kyrios, Jesus! Aber sie als das erkennen, sie ins Beichtgespräch einbringen, sie dabei als Ort persönlicher Erfahrung betrachten, darum geht es. Wie gut, daß du müde wurdest und dich hinsetzen mußtest, damals, wie gut für mich heute abend.

Ich habe keinen neuen Beichtweg zu suchen. Ihn habe ich zu suchen, der auf der Mauer des Patriarchenbrunnens sitzt. Stammt er doch aus dem Lebensbrunnen seines Urvaters Israel. Da sitzt er und wartet auf die Menschheit. «Wenn du wüßtest», sagt er zu mir, «wer der ist, der zu dir redet.» –

«Aber das weiß ich doch!»

«Der zu dir spricht, weißt du das?»

«Aber ja!»

«Wirklich?»

«Ja, wirklich, darum bin ich doch hier ins Kloster eingetreten, weil ich das weiß.»

«Und bist alle die Jahre hier geblieben?»

«Ja, darum. Und darum, Kyrios, bleibe ich ins ewige Leben hinein hier, weil ich weiß, wer am Jakobsbrunnen zu mir redet.»

Es war ein Beichtgespräch, das Gespräch am Brunnen. Der Kyrios hat es wundervoll gemacht. Er bat sie gleich um Wasser. Sie mußte wissen, daß sie die war, die dem fremden Mann etwas zu geben oder zu verweigern hatte. Daß er auf ihre Geneigtheit, auf seinen Wunsch einzugehen, angewiesen war. Sie erlebte sich selbst als geschätzte Person, als Persönlichkeit.

Der Kyrios sitzt auf dem Brunnenrand in Erwartung, daß die Frau ihm ihr Vertrauen schenke. Er macht keine formell-fromme Eröffnung, um das Bekenntnis in Gang zu bringen und von Anfang an zu steuern. Stellt keine Fragen, er gibt der Samariterin Raum. Es geht um sie, das erstaunt sie, das gefällt ihr. Sie ist wichtig, das wird ihr im Verlauf des Gesprächs erfreut bewußt.

Beicht-Modell für den Beichtvater.

Kyrios, du hast es leichter als unsere Beichtpriester. Du weißt alles. Du hast auch das Recht, dem Beicht-Kind seine Sünde auf den Kopf zuzusagen, es zur Rede zu stellen: Das hast du getan. Aber genau das wirkt auf das samaritische Mädchen befreiend, beglückend, sie läuft in die Stadt: «Kommt, kommt doch ... er hat mir alles gesagt! Er ist der Messias!» Und sie kommen und glauben.

Der Glaube schenkt Vergebung. Glauben, neu, befreiter glauben ist das Ziel der Beichte.

Frau Maja L. schickt mir die neue Lektion ihres Kursprogramms: «An jenem Tag werdet ihr erkennen: Ich bin in meinem Vater, ihr seid in mir, und ich bin in euch» (Joh 14,20).

Ich werde ihr heute abend schreiben. Es geht nicht. Ich muß in meinem halbblinden Suchen und Tasten in der dunklen Gegenwärtigkeit des Kyrios herum gestürzt sein. Etwas ist entzwei, was, weiß ich nicht. Innen im Grund etwas. Immer dann wenn die Rede ist vom Kyriosgeheimnis, wie Johannes es sieht, fängt der Schmerz an zu brennen. Maja wird mich verstehen. Auch daß man, selbst in der freien Klosterzeit, davon besetzt und darin wie abgereist ist.

Aber ihre Programme sind kein Stoff. Ihre Glaubensvermittlung strömt aus der Quelle des Kyrios, die er uns am Jakobsbrunnen anbietet. «Wenn du wüßtest, wer es ist, der zu dir spricht», hat er dort gesagt. Er sitzt auch an Majas Ziehbrunnen.

Diese Wasserofferte vom Jakobsbrunnen, damit habe ich es jetzt zu tun. Im Umfeld und Zusammenhang meiner Beichte wird sie mir bewußt. Das ist das Entscheidende dabei: dieser Anspruch des Kyrios auf mein Interesse. Sein An-Spruch auf mein An-Nehmen. Hören. Soll er denn nicht Anspruch haben auf meine Annahme dessen, was er mir offeriert? Was ist es denn: Er nennt es: lebendiges Wasser. Es muß etwas sein, was nicht «von dieser Welt ist», denn das braucht man nicht bei dir zu suchen, Kyrios. Also etwas Göttliches, Leben, Jenseitiges. Etwas, was mich so angeht wie den Toten das Leben. Wie muß ich sein, damit ich dieses Wasser erhalte, Kyrios?

Unser Austausch in Teresas Lektürenkreis bedeutet: «Gespräch am Jakobsbrunnen». Wir kommen mit unseren leeren Wasserkrügen und treffen hier dich, den Kyrios. Besprechen mit dir unser Buch. Sibylle sagt: «Ich bewundere deinen Mut, dein Buchprojekt mit uns zu teilen.» Aus ihrer Erfahrung mit der Arbeit an ihrer Dissertation ist sie der Ansicht, im Entstehungsprozeß eines kreativen Werkes sei man doch sehr verletzlich. In ihrem letzten Brief erfahre ich, daß sie auch Bildhauerin ist, was mir ihre Äußerungen über den kreativen Schaffungsprozeß auch von daher erklärt. Auch Pierre hat geschrieben. Beide Briefe sind herrlich klar und anregend. Sibylle muß mich aber nicht bewundern. Was ich schreibe, ist zuerst ein Weg, den ich gehen muß, erst dann ein Buch.

Von Pater Christian erfahre ich, die deutsche Bischofskonferenz werde demnächst ein neues Beicht-Ritual veröffentlichen. Er ist auch Psychologe und daher Mitglied der damit beauftragten Kommission. Es gehe um «Beichten mit der Bibel». Dann ist mein neuer Beicht-Versuch, mein Weg durch die Problemgegend des Beichtsakramentes, richtig.

Es hat geregnet. Acht Zentimeter Wasser im Meß-Glas an der Stange neben den Forsythien. Wunderbar. Die Steinnelkenrabatten sind zwar zerzaust vom Niederschlag und Nachtwind, aber wenn er singen könnte, sänge der Garten heute morgen. Wasser – Taufe – Beichte – neue Schöpfung, man sieht alles zusammen.

All das Äußere, was alles von außen kommt und nach außen zu tun ist, kappt immer wieder das Seil, an dem ich mit meinem Beichtbuch zusammenhänge. Die Beichte ist aber doch der Ort, wo sich mir das Jenseits als absolut persönliche Sache aufdrängt. Mich unausweichlich in seinen Blick und Griff nimmt. Seine Dringlichkeit, das «Darüber – über mir – nach mir» macht mich unsicher, unruhig. Treibt in die «Unruhe zu Gott». In der Beichte erfährt man sie deutlich. Da geht es scharf auf scharf: das Menschsein und dieses Ganz-andere zusammen, wie soll das gehen? Der Kyrios hat es für uns geschafft. Das eine ohne das andere gibt es nicht mehr.

Ich höre immer nicht, was du sagst. Es ist das immergleiche mich dauernd behaftende Problem: Immer ist alles, was er sagt, der Jude auf der Brunnenmauer vor Sichem, zu mir hin gesagt, als wäre ich jene Frau, als wäre ich alle Leute, Kyrios. Dein Anspruch an den Menschen, an sein Herz, dein An-spruch spricht jeden Menschen dauernd an. Ich höre nicht, ich höre immer nicht, was Du mir sagst. Ich rede zuviel, ich denke zu viel, ich esse, ich schlafe vielleicht auch zuviel, ich schweige zuwenig.

Gottes Wirklichkeit, als Gabe, als lebendiges Wasser angeboten. Kein Befehl, anzunehmen. Nicht geboten, nur an-geboten. Kannst du haben, wenn du willst – ich will doch! Heute ist Beichttag.

Bis fünf Uhr habe ich Zeit, die Sachen im Archiv zu ordnen. Schriften, Texte, Bücher, Mappen, Bilder, Briefe. Der ganze Lebenskram ist in Schachteln zu verpacken. Man kommt mich holen. Pater Adrian fährt mit dem Sechs-Uhr-Zug. Ich binde die Schachtel mit den Gedicht-Manuskripten zusammen und hole in der Zelle meine Bibel.

Orgelgedonner von der Kirche in die Beichtkapelle herauf. Schwester Katharina denkt nicht daran, daß Beichttag ist. Mit Pater Adrian ins Zimmer mit dem Archivkram hinunter gehen, kommt nicht in Frage. Aber da wird die Musik leiser, sie plätschert, fließt, strömt – César Franck? Durchs geschlossene Kapellenfenster herein sprudelt Wasser vom Jakobsbrunnen ... Musik für meine Beichte.

Ich erzähle Pater Adrian die Geschichte, die er schon kennt. Er hatte am Sonntag über die Perikope von Jesus und der Samariterin gepredigt. Das «lebendige Wasser» rieselte hörbar von der Kanzel in die Kirchenbänke. Ich erzähle sie trotzdem. Es geht um meinen «Befund»: um mein schlechtes Gehör. Warum höre ich schlecht auf das, was Jesus sagt? Wo er es doch zu mir sagt, die ich mit ewig leerem Wasserkrug am Brunnenrand stehe. Ich versuche die Gründe zusammenzuholen. Hauptgrund: Ich schweige, ich sammle mich zuwenig.

Schweigsamkeit auch im Denken und Wünschen als Auftrag der Regel, der Observanz, dauernd übertreten. Da und da und vor allem da ...

Pater Adrian unterbricht mich nicht. Er meditiert dann wie zu sich selbst den Sinn des Schweigens für das Hören auf den «Mann am Jakobsbrunnen». Pause. Dann: «Es geht aber vor allem um die Chance, im Schweigen seine Präsenz, sein Wesen als den Ursprung allen Lebens wahrzunehmen.» –

Gut, daß ich vor zwei Jahren langsam aufzuschreiben begann, was mich und gewiß auch andere von der Beichte her umtreibt. Schreiben macht bewußt, ordnet, provoziert Fragen, Einsichten, Zweifel, Entdeckungen. Wohin es führt hier, in welche Denk- und Erfahrungsgegend, wußte ich nicht. Jetzt habe ich aber den Eindruck, die Beichte ist ein Stationenweg in den Glauben hinein geworden. Ulrike schrieb mir gestern: «Du hast recht, du schreibst jetzt eine Art Glaubensbuch. Eine Antwort auf die Frage: Wer ist Jesus?»

Das versuchte ich ja auch in «Stadt ohne Tod».

Mit der Reue, die nicht gefühlt wird, die auch nicht die innere Absicht der Umkehr einschließt, die immer so sehr relativ bleibt, was soll, was will man da machen?

Es geht um den Geist der Trauer über sich selbst. Kann ich mir den nicht erbitten? «Um die Traurigkeit des Fernseins vom Herrn», das ich feststelle, erst recht wenn ich meine chronische Lauheit ansehe. «Selig die Trauernden», solche Trauernde hast du gemeint, Kyrios.

Ich möchte mich ändern, verzeih und hilf mir. Eine Formel; aber in irgend einer Weise heißt gut beichten immer auch: Es tut mir leid. Selbst wenn ich es nicht wörtlich ausspreche. In mir muß stehen: Kyrios, ich liebe dich. Damit ist wohl Reue und Vorsatz und Bekenntnis und alles gesagt. Und in den Buß-akt jeder Messe schließe ich mich ein, wie ich bin.

Sibylle ist passionierte Reiterin. Kam trotz des herrlichen Som-mer-Sonntags zum Gespräch in Teresas kleinem Lektürenkreis, gestern nachmittag. Rainer, Teresas Mann, riet mir, «Kyrios» und «Beichte» kurz zu definieren, «vielleicht an Stelle eines Vorworts». Wir sprachen über den neuen Beichtweg, oben im Abteizimmer unserer Probstei. Ich werde Teresas Freunde bit-ten, mir ihre Meinung und Eindrücke darüber aufzuschreiben. Teresa kommt wohl noch diese Woche allein zu mir. Es ist kaum ein Jahr her, daß sie in Religionsphilosophie promoviert hat, und nun will sie ihre Wissenschaft schon an den Nagel hängen. Ich sah Rainer fragend an. Er schwieg, lächelte. Vermutlich ist er einverstanden. Wenn Teresa kommt, wird sie mir ihren Ent-scheid vielleicht erklären. Ich liebe ihren kleinen Lektürenkreis. Anne war leider krank. Ich wünsche mir auch ihr Urteil über den Beichtweg anhand der Bibel. Peter schien es sehr zu be-schäftigen. Was er mit Überzeugung sagte, ermutigt mich.

Als ich letzten Frühling mit Dr. Max R. über meinen Versuch eines Beichtbuches sprach, spürte ich seine Distanz dem Plan gegenüber. Er schrieb mir denn auch, er sei sich über die Sache noch nicht im klaren. Glaubt, ein geistliches Tagebuch gehöre aufgehoben ins «Buch des Lebens». Das Zusammen von alltäglichen und spirituellen Erlebnissen sei riskant. «Beides haben zu wollen, birgt die Gefahr des ‹Schielens› mit sich.» Was meint er mit Schielen?

Beides zusammen ist echtes Leben, in jeder Klosterklausur wie von selbst gegeben. Soll man nicht einmal erzählen, wie dieses Zusammen ist und verläuft?

Meine Schwester im Glauben,

der müde und dürstende Jesus am Brunnenrand zeigt sich nicht als Superman, sondern als schwacher Mensch. In dieser Verfassung gelingt es ihm, die Frau ins Gespräch zu locken. Augustinus macht in seinem Johanneskommentar darauf aufmerksam, daß wir die Samariterin als Ausländerin betrachten müssen. Jesu Durst ist Verlangen nach dem Glauben der Frau. Und die Frau ist ein Vorbild der noch nicht gerechtfertigten Kirche. Weil sie das Wort vom lebendigen Wasser fleischlich und nicht geistig auffaßt, fordert Jesus sie auf, ihren Mann zu holen. Augustinus deutet das so: Wenn Jesus zur Frau sagt: «Hol deinen Mann», spricht er zur Seele: «Gebrauche deinen Verstand», damit sie ihn verstehe. Denn er spricht nicht nur von dem Wasser, das die Frau im Brunnen sieht. Und da setzt bei der Sünderin langsam das Verstehen ein. Sie sieht sich im Ehebruch ertappt und kommt allmählich zur Erkenntnis des Messias.

Du hast die Begegnung Jesu mit der Samariterin wunderbar mit der Beichte zusammengebracht: «Glauben, neu befreiter Glauben ist das Ziel der Beichte.» Unter dieser Wasserofferte steht die Kirche heute noch. Sitzt auf der Mauer des Brunnens ihrer Vorfahren und empfängt die Wasser des Heiligen Geistes aus der Tiefe; sitzt wie die Sünderin, die ihren «Mann» zu Hilfe rufen muß, um Christus zu erkennen. Es könnte zwar sein, daß die Kirche heute auch als Mann am Brunnenrand sitzt und Christus sagen hört: Geh, hol deine Frau, hol dein Herz. Dadurch ändert sich aber nichts daran, daß die Kirche auf diese Wasserspende durch alle Zeit hindurch angewiesen ist. Christus dürstet sehr nach ihrem Glauben.

Und gleichzeitig ist sie es, die Kirche, die in den Sakramenten, dem Quell aus dem Herzen Christi, neuen

Glauben spendet. Christus selbst ist der Brunnen, aus dem sie schöpft, bis sie ihn sagen hört: Ich bin es, der mit dir spricht.

Die Beichte ist ein solches Sakrament aus dem Herzen Christi. Auf dem Weg «Beichten mit der Bibel» könnten Menschen wieder in den Glauben an Christus finden. Es ist ein zutiefst christlicher Weg, den Du in Deinem Glaubensbuch aufzeichnest.

Ulrike

5

DER KYRIOS
UND DER BLINDE

Mai–Juni

Im Vorübergehen sah er einen Mann, der von Geburt an blind war. Seine Jünger fragten ihn: Meister, wer hat gesündigt, der oder seine Eltern, daß er blind geboren wurde? Jesus antwortete: Weder er noch seine Eltern haben gesündigt, vielmehr sollen die Werke Gottes an ihm offenbar werden.

– Nach diesen Worten spuckte er auf die Erde, machte mit dem Speichel einen Teig, strich dem Blinden den Teig auf die Augen und sagte zu ihm: Geh und wasch dich im Teiche Siloe, das heißt auf deutsch: Gesandter. Er ging hin, wusch sich und kam sehend zurück.

JOHANNES 9,1–7

Der Blinde, wer ist das? Irgend einer von damals. Ja, und ich bin es auch. Zu wem Jesus in der Schrift spricht, mit wem er sich einläßt, der oder die ist nie irgend jemand, das ist immer ich, bist immer du, jeder Mensch. Das Evangelium, die ganze Schrift ist das Kyriosbuch, das Buch der Beziehung des Kyrios zu jedem Menschen und zum Ganzen.

Wer ist er? Doch ja, man kann das wissen. Aber erst müssen wir sehen können.

Der Kyrios, an sich ein zwar ungewöhnlicher, ja verwirrender junger Mann, jedoch aus sehr gewöhnlichen, anspruchslosen, ja ärmlichen Verhältnissen. In seinem Umfeld wußte niemand, daß er zum Beispiel Israel schon im Geheimnis der Feuersäule nachts durch die Wüste voranzog, damit es im Finstern nicht umkam. Damit es seinen Weg zu sehen imstande war. Aber ja, Zeitloser! Gott! Das warst schon du. Wem fällt das ein, du Licht der Welt, wenn er liest, Jesus habe mit einem Teig aus Speichel und Erde einen Blinden sehend gemacht? Was für divergierende Dimensionen in deiner einen und einzigen Identität!

Kyrios, hast du die Rolle des Mannes von Nazaret vielleicht gespielt? Sie angezogen, wie ein dramaturgisches Gewand, um es bei der Auferstehung wieder abzuwerfen?

Schwester Renata kam vorhin mit der Frage, ob sie morgen in der Messe Römer 8 oder Sprüche 8,22 lesen soll. Da steht es, Kyrios, daß du gespielt hast: vor aller Schöpfung schon gespielt, ehe die Berge standen. –

«Ich spielte vor dir auf dem Erdenrund» – hast du selbst gesagt. Du, Kyrios, nicht allein Gott von Gott, auch als der Mann «Jesus von Nazaret» hast du auf der Erdenbühne im Heilsdrama der Dreifaltigkeit deine Rolle als Erlöser der Welt im Gehorsam deiner souveränen Freiheit gespielt. Deine Rolle, an der du sterben mußtest, damit die Schöpfung zum Leben kam.

Wer wußte das von den Leuten deines biografischen Umfeldes? Uns geht es besser. Immer neu sehen wir die Feuersäule deines Wesensgeheimnisses aus der Schrift hochschlagen. Du hast uns unsere Glaubensaugen geöffnet.

Kyrios, da bin ich jetzt fixiert. Es geht darum, die Macht der Bibel als Kyriosbuch mit deiner ganzen Licht- und Sprengkraft in die Schöpfung und Ewigkeit hinaus, auch an und in sich zu erfahren. Durch Hören, sich Öffnen, Schweigen, Glauben und Leben. Darin stehen und sich darin umzusehen versuchen macht bewußt, daß man blind ist, und dennoch darin steht, blind darin. Als Blinde müssen wir uns an dem Kyrioswort und -wesen, den Schriftzeilen entlangtasten. Mir kommt vor, die Bibel ist ein Buch mit Blindenschrift. Aber unter ihren Worten wartet das Licht der Welt auf uns und öffnet uns die Augen. Die Frage, die Beichtfrage: Höre, schweige, öffne ich mich dem Kyrioswort, das mich sehend macht?

Er sah nach der «Behandlung», mit dem Speichelteig auf seinen Augen, nicht sofort. Hätte doch geschehen können. Kyrios, du hast ihn erst fortgeschickt, sich zu waschen. Erst dann sah der Mann. Du hättest ihn ohne Waschung im Teich Siloe heilen können. Und mich? Muß ich dazu beichten gehen? Ich weiß, du willst es so. Könntest ohne weiteres auch ohne Beichte tun, was du an mir tun willst. Aber weil du es nun einmal am Osterabend so eingerichtet und bestimmt hast, muß ich mich im Beichtteich waschen. So heilst du mich. Waschen im Teich Siloe, in unserer Beichtkapelle. Siloe heiße «Gesandter». In meinem Fall ist das Pater Adrian.

Heute morgen wackelte die Wildente wieder über die Brücke mir nach. Sie habe jedenfalls keinen Mann mehr, hatte Schwester Lidwina gesagt. Es war die Ente, die auf dem Kirchendach genistet, gebrütet und dann ihre Jungen über die Traufe in den Kräutergarten hinabgelockt hatte. Alle elf, mit einer Ausnahme, öffneten rechtzeitig den Fallschirm ihrer Flügelchen und kamen heil in der Zitronenmelisse an. Darauf schwang sich auch die Mutter vom Dach in das Gezappel ihrer Jungen und schritt mit der Schar hinter sich feierlich in den Gartenweiher, wo die erst flügge gewordenen Vogelentchen gleich schwammen, als hätten sie das schon vor ihrer Geburt gekonnt.

Aber dieses Jahr wackelt sie während der Meditationszeit im Garten am Klosterbach hinter mir her. Sie trieb mich buchstäblich in die Küche, um ihr Futter zu holen, das sie mir aus der Hand riß. «Kunigunde», sie heißt so, «warum so aufgeregt?»

Als ich die Episode Schwester Gerlinde erzählen wollte, sah ich, daß sie sich über etwas ärgerte. Über mich, wie sich herausstellte. «Du schreibst ein Beicht-Tagebuch? Soll das gedruckt werden? Glaubst du, das hat einen Sinn? Eine neue Beicht-Methode? Für wen? Sicher nicht für mich.» Sie schüttelte den Kopf und verschwand hinter den Königskerzen, die in Gruppen wie goldene Raumraketen vor ihrem Start in den Himmel bereit stehen. «Schwester Gerlinde», rief ich ihr nach. Keine Antwort.

Die Wahrheit ist ein Raum. Wir stehen alle darin, blind darin. Mit diesem Raum, mit diesem Darin und mit dieser Blindheit hat die Beichte zu tun, wie ich sie jetzt begreife. Denn sie hat mit nichts so sehr zu tun wie mit der Wahrheit – ich meine, ich selbst habe mit nichts so sehr zu tun wie mit der Wahrheit. Das werde ich spätestens beim vorletzten Atemzug zugeben müssen.

Ich will sie aber jetzt schon sehen, man kann das, ich weiß. Unsere Augen sind dafür gemacht. Für nichts anderes, als durch alles hindurch die Wahrheit der Welt und des Himmels und seiner selbst zu sehen.

Wahrheit, was ist das? Wahrheit ist: der Kyrios. Ich bin die Wahrheit, hat er gesagt. Man könnte, so gesehen, alle Bibliotheken der Welt links liegen lassen. Irgend einmal kommt der Augenblick, wo diese Notwendigkeit sowieso eintritt.

Die Heilung des Blinden – wieder ein Text wie auf die Beichte zugeschnitten. Ich schaue mich also an im Wasserspiegel des Teiches Siloe:
- im Dunkel gelangweilt herumgelaufen
- mich im Halblicht mürrisch herumgetrieben
- mich von Disziplin und Sammlung durch Ausreden: Mangel an Schlaf, Überanstrengung, Kopfweh usw. freigesprochen
- in Unmut, Nörgelei und Gereiztheit sitzen geblieben
- andere dadurch geärgert.

Ich gehe beichten, ich will wieder klar sehen. Was will ich sehen? Die alles hell- und heilmachende Wahrheit meines Daseins, die ich ja kenne.

Frau Maja L. ist Theologin. Ich liebe ihre klare Sprache. Sie schreibt:

> «Es ist mehr als höchste Zeit, sich endlich einmal grundlegende Gedanken über die Beichte zu machen, bzw. die Beichte in die Gesamtzusammenhänge einzuordnen, so wie Du es versuchst.
>
> Dein Konzept gefällt mir sehr gut. Ich kann Dich nur bestätigen.
>
> Meine Befürchtung betrifft nicht Dein Buch. Ich habe nur leise Zweifel, ob das Ganze nicht viel zu spät kommt. Es wird nicht einfach sein, den Faden vom alten Beichtwesen her neu zu knüpfen. Das heißt, vielleicht müßte man noch weiter unten anfangen, bei den Gesamtzusammenhängen. Die darf man heute nicht mehr einfach voraussetzen. Die muß man wieder neu erklären, das heißt einleuchtend, erfahrbar machen.»

Aus Majas Brief vom 10. Juli. Ich muß ihn Schwester Gerlinde zeigen. Sie hat morgen ihren freien Nachmittag, wie ich, da gehen wir an dem Fluß entlang oder in den Klosterwald, das Barometer zeigt gut an für morgen.

Gerlinde setzt sich in die Fähre, die noch schwankt unter ihrem Sprung vom Steg. Ich wage es nicht, nachzuspringen. Bleibe am Ufer sitzen. Hinter uns das entzückende Fahrer-Fischerhaus, rechts die mächtigen Zitterpappeln. Als ich ins Kloster kam, standen sie jung und schlank am Wasser. Kleine Parkecke am Hilariweg. Da dürfen wir jetzt auch hin. Man hat sie kurzerhand in unsere Klausur eingeschlossen, samt Fluß und Fähre. Gerlinde beginnt abrupt: «Daß du es weißt, sechs Jahre habe ich jede zweite Woche dasselbe gebeichtet, sechs Jahre, beim selben Beichtvater, immer die eine ...»

Was denn? wollte ich fragen, unterließ es aber. «Die eine Schwierigkeit», hatte sie sagen wollen.

Gerlinde beugte sich über die Bootswand und warf mir eine Handvoll Wasser ins Gesicht.

«Jawohl, sechs Jahre, immer dasselbe.»

«Was hat er denn dazu gesagt?»

«Nichts.»

«Wirklich?»

«Hat nie gefragt, was für Schwierigkeiten.»

«Du hättest vielleicht erklären sollen –»

«Erklären? Ich habe gesagt, ich hätte immer dieselben Schwierigkeiten mit meiner Priorin.»

«Seit wann muß man Schwierigkeiten beichten, Gerlinde?»

«Du verstehst nicht. In dieser Lage war ich dauernd gespannt, angefochten, gereizt, verzweifelt – was willst du ...»

Ich verstand. Ich hätte in ihrem Fall gerade heraus geredet. Aus irgendeinem Grund brachte sie das nicht fertig.

«Frommer Zuspruch und Absolution und Schluß und nächstes Mal wieder so, sechs Jahre wieder so.»

Gerlinde schwieg.

«Parzifal», sagte sie dann. «Erinnerst du dich an die Sage vom Gral, von Parzifal und König Artus, dessen Wunde nicht heilte, weil niemand eine Frage über deren Ursache an ihn stellte? Darum konnte er nicht geheilt werden. Bevor wir neu beichten können, müssen die Patres neu Beichthören lernen.»

Was tust du denn jetzt auf Erden, wo du da bist, wo du immer kommst, zum Menschen kommst? Ich weiß, was du tust. Du öffnest Augen, du machst sehend. Heute, jetzt, überall, von Tag zu Tag, von Nacht zu Nacht. Du bist das Heil. Heilst auf Sehen hin. Auf das Schauen, das Gott-Anschauen hin.

Den Kosmos heilt er auf dieses Schauen hin, öffnet ihm die Augen, den Engeln, Menschen, allen Wesen irgendwie, auf die Gottesschau hin. Das hat er nun zu tun, seit Pfingsten. Zündet die Finsternis an sich selbst, dem Licht der Welt, an.

Kyrios, wie machst du das? Beim Blinden im Evangelium mit einem Teig aus Erde und Speichel. Mir öffnest du die Augen in der Beichte. Nun fangen sie an zu sehen, nach beiden Seiten, in mein dunkles Grundwasser hinab und hinein ins Geheimnis deiner Gegenwart. Davon rede ich ja dauernd und erkläre, so gut ich kann.

Ich sagte schon, lesen im Vortragshaus muß ich nicht mehr. Für die Fakultät gehe ich aber hin, wenn Ulrike die Gestaltung des Programms übernimmt und ich nicht über mich sprechen muß. Lesen ist anders. Ulrike ist der Meinung: «Allein die Tatsache, daß eine theologische Disziplin den Kunsttag ‹Literatur› gestaltet, wirft Fragen auf, denen Du Dich als schreibende Nonne im Vollzug des Schreibens stellen mußt. Aktive Beteiligung von seiten der Studenten sollte hier besonders zum Zug kommen können.» Sie werde zur Einführung in meine Sachen aus ihrem Vortrag in Zürich lesen – und werde versuchen, um 9 Uhr von Deutschland her dazusein, um mit mir kurz zu besprechen, wie alles zusammengeht.

Die Tischglocke, die im Mittelgang hängt, läutet. Zeichen, daß vor dem kleinen Sprechzimmer niemand mehr zur Beichte ansteht. Unsere Pfortenfrau, Schwester Angela, hatte Pater Adrian mein Beicht-Typoscript ins Zimmer gebracht. Er habe es durchgesehen, sagt er mir und lächelt dabei. Ein zustimmendes Lächeln. Das sei eine gute Sache, und sie habe ihm viel gegeben. Ich ging dann von der Perikope der Blindenheilung aus. Gestand meine Blindheit meinen Fehlern und den Qualitäten meiner Schwestern gegenüber. Beides sähe ich nicht. Es ist sonderbar, ich muß Zuständliches vorbringen, nicht eigentliche Fakten. Es liegt am Zustand, an der Blindheit als Befindlichkeit.

Vor der Türe war mir übrigens eingefallen, daß ich von diesem Text aus die Beichte zum ersten Mal als ausgesprochenes Augenheilungs-Geschenk erkenne. Als Geschenk des Erkennens, der Erleuchtung, der Klarsicht. Sie macht sehend. Das fügte ich meiner Anklage bei als Entdeckung, die mich glücklich macht.

Auch diesmal nur kurzer Zuspruch. Erst kleines Schweigen, dann zitiert Pater Adrian das Eingangsgebet der Vigil. Er habe sich gesagt, das wäre zu erweitern. Ich dachte schon, er weicht aus, geht nicht auf meine Anklage ein. Aber da war er schon selbst darin im Text, von dem ich ausgegangen war. «Täglich beten wir zur Eröffnung der Vigil dreimal: ‹Herr öffne meine Lippen, auf daß mein Mund dein Lob verkünde›.» Er sei der Meinung, wir müßten hier ebenso dringend beten: «Herr öffne meine Augen, damit ich deine Herrlichkeit schaue.»

In der Vigil sollst du uns die Augen öffnen? Im täglichen Liturgievollzug also? Im Singen der Psalmen – Augen öffnen? Pater Adrian hat mir eine Leuchtrakete in meinen liturgischen Unverstand geworfen. Kyrios, ich werde dich von jetzt an in den Psalmen sehen, ich sage, sehen, mit meinen von dir geöffneten Augen. –

Pater Adrian ist übrigens der Meinung, wir Schwestern hätten eine gute Art zu beichten. Niemand will mehr in den Beichtstuhl hinter Vorhang und Gitter knien. Alle, auch die betagten Frauen, kommen herauf ins kleine Zimmer, setzen sich an den Tisch, ihm gegenüber, sprechen frei und unbefangen. Jüngere mit der Bibel.

Mein Schwesterlein,

dein Text ist mir tagelang durch den Kopf gegangen, lag wie der Speichelteig auf meinen Augen. Der Zusammenhang zwischen dem Teig, den Jesus aufstreicht, und der Beichte ist schlüssig. Gott hätte tatsächlich auch anders eingreifen können. Er hätte ja auch nicht Mensch werden müssen, der leidet und stirbt. Aber Gott *ist* Mensch geworden, er *ist* den Weg des Menschen zu Ende gegangen. Und dieser Menschgewordene hat gesagt: «Wem ihr die Sünden vergebt, dem sind sie vergeben.» Und der gleiche hat dem Blinden den Speichelteig auf die Augen gestrichen und gesagt: «Wasch dich.» Wir können jetzt danach fragen, warum er das Heil gerade so brachte. Wir hätten es manchmal lieber anders und würden gerne selber festlegen, wie Gott sein Heil uns zuwenden soll. Das Sakrament der Beichte nimmt uns diese Verfügung aus der Hand und macht uns zu Empfängern. Wir müssen uns wie der Blinde diesen Teig auf die Augen unseres Herzens streichen lassen und hingehen zum Teich «Gesandter», um uns in ihm sehend zu waschen. Auch das können wir uns nicht aussuchen. Das Christentum ist keine Religion von Beliebigkeit, daher wandern auch viele aus. Im griechischen Wort für die Erklärung des Teiches Siloe verbirgt sich das Wort «Apostel». Du siehst im Teich zu Recht eine Chiffre für den Priester. Pater Adrians Aufgabe ist sehr ernst zu nehmen. Er sollte *hören* können. Als Entsendeter hat er einen großen Auftrag. Es ist tragisch, daß die gängige Beichtpraxis bisweilen vor ziemlich getrübtem Gewässer steht. Dieser Verantwortung müssen sich auch die Priester bewußt sein. Aber die Wirkung der Beichte hängt nicht davon ab, wie sauber der Teich ist, sondern daß man hingeht, sich wäscht und glaubt. Solange das Gewässer nicht umkippt, kann vom Grund her derjenige aufsteigen, der in ihm wirkt. Es ist kein anderer als der, den Du Kyrios nennst und Dir durch die «Blindenschrift» der Bibel ertastest – flehend: Herr, öffne mir die Augen –, bis Du ihn im Licht stehen siehst.

Ulrike

6

Verklärung
des Kyrios

Juni–Juli

Jesus nahm den Petrus, Jakobus und Johannes mit sich und führte sie
allein abseits auf einen hohen Berg. Da wurde er vor ihnen verklärt.
Seine Kleider leuchteten in glänzendem Weiß, wie kein Walker auf
Erden sie weiß machen kann. Es erschienen ihnen Elija mit Mose, und
sie redeten mit Jesus. Da wandte sich Petrus an Jesus und sagte:
Meister, es ist gut, daß wir hier sind. Wir wollen drei Hütten bauen,
dir eine, Mose eine und Elija eine. Er wußte nämlich nicht, was er
sagte, so erschrocken waren sie. Da kam eine Wolke, die sie überschat-
tete, und eine Stimme rief aus der Wolke: Dieser ist mein geliebter
Sohn, hört auf ihn. Als sie nun um sich blickten, sahen sie niemand
mehr bei sich als Jesus allein.

MARKUS 9,2–8

Auf dem Tabor hast du dich verraten. Da brach deine Herrlichkeit aus dir heraus, die Kyrios-Herrlichkeit. Die ist jetzt da, mit dir auf Erden und im Himmel da. War immer schon, brach aus auf dem Berg aus dir. Sie schwand wieder, vor den Augen der Jünger. Auslöschen kann sie nicht, konnte es nicht einmal, als du starbst. Sie bleibt ins ewige Jetzt deiner bleibenden Menschenperson hinein da. Auch bei uns, da wo der Mensch ist. Sie ist nirgends und nie mehr nicht da.

Epiphanie auf Tabor, die ins Jetzt und Heute und in alles, was kommt, hineinbrennt. Es ist richtig, daß ich alles Denken lasse und in diese deine Verwandlung hineinschaue, die alle Schöpfung mit verwandelt, «von Herrlichkeit zu Herrlichkeit».

Jesus ist der Kyrios. Auf Tabor gibt er es zu. Das muß auch ganz untheologisch gesagt sein, von wem, hat nichts zu sagen. Nur ist alles Sagen darüber nichts-sagend.

Nein, du hast deine Herrlichkeit auf dem Berg nachher nicht ausgelöscht, um mit den drei Männern wieder als Nur-Mensch zu den Leuten hinunter zu gehen, die mit dem besessenen Jungen auf dich gewartet haben. Sie sahen deinen Glanz nur nicht mehr, als du neben ihnen, oder ihnen voraus, den Bergpfad hinabstiegst. Es lag an ihren Augen. Die waren nicht dazu gemacht, dich in deiner Verklärung zu sehen, außer wenn du sie dafür geöffnet hast. Aber wieder nur so lange, wie du es für richtig hieltest. Sie war aber da, deine Herrlichkeit.

– Auch dann, als sie dich ins Gesicht schlugen, dich anspien, dich aufhängten am Kreuz, sie war da, sie sahen sie nur nicht, weil du nicht wolltest, daß sie sie sähen.

Kyrios, das betrifft mich mehr, als ich einsehen kann, ich muß es mir inständig überlegen. Es betrifft nicht nur mich, es betrifft unsere Beziehung. Mein Denken steht still, kommt nicht weiter. Die Herrlichkeit Gottes und ich, wer kann das mit seinem angeschlagenen Verstand überlegen? Wie überlegt man das? Nicht überlegen geht aber nicht.

Nein, Überlegen ist kein Weg zum Verstehen hier – Anbeten. Die Anbetung ist der Weg, um in dieser Beziehung – Kyrios-Herrlicher und der Mensch – leben zu können. Irgendwo steht: Wer sich die Majestät nur überlegen will, den erdrückt sie. Aber die Spannung muß ertragen sein. Sie sei zerreißend, sagte Pater Adrian, als wir von der persönlichen Beziehungs-Wahrheit mit dem Kyrios sprachen. «Ich werde mich ihm offenbaren», hast du gesagt. Das Zerreißende – vielleicht eine Art Offenbarung des Kyrios?

Wie ich hereinkomme, sitzt Ulrike, diesmal mit hübschen Haarknoten auf dem Kopf, an meinem Schreibgerät.

«Frau v. P. läßt dich grüßen.» Die Dame vom Landsitz oben überm Weinberg. «Sie war in der Messe für ihren verstorbenen Verwandten, kam nachher in die Sakristei und erbat sich meine Predigt.»

Ulrike hatte über das einfallende Festgeheimnis der «Transfiguratio», der «Verklärung des Herrn», gesprochen.

«Wieder der aufgesprengte Himmel», sage ich und umarme sie. «Epiphanie, wie über dem Jordan. Diesmal auf dem Berg Tabor.»

Schöpfung: Gräser, Erde, Luft, Wasser, Fliegen, Hennen und Vogeleier, was im Kloster Schöpfung ist, im Garten und Hof, auf Dächern und unten in den Gartenbeeten, Schöpfung: der ganze vierte und fünfte und sechste, alle sieben Schöpfungstage, wir leben darin, unter dem Sternenhimmel. Lichtstrom, Wärme. Kyrios! So viel ist da von der Materie, die du durch den Tod hindurch ins Neue überführst. So ist das also, so nahe um mich herum, zum Anfassen, Riechen, Essen. Meine Beichtfrage: Ist mir die Schöpfung ein Thema für die Beichte? Inwiefern? Was kann man da sündigen? Sehr lange brauche ich mich nicht zu besinnen. Die Schuldfrage liegt auf der Hand. Es geht um Solidarität. Was ich vergeude, verschmutze, zerstöre, wird andern genommen, fällt heraus aus der Ökonomie, dem Nutzen aller. Ich vermehre damit das Sterben im Ganzen, den Tod in der Welt. Und was ist mit der Schöpfung Mensch, an dem ich mich schuldig mache?

Mitte Juni fliegt Ulrike nach Istanbul. Unser Propst hat sie um die Predigt für den ersten Sonntag im Monat gebeten, falls sie in Kloten ihren Flug unterbricht und zu uns herüberkommt. Die elfenbeinfarbene Albe, die sie für ihr Predigtamt bei unseren Schwestern bestellt hat – ein Erstkommunionkleid, nur verlängert und am Hals leicht verändert –, steht ihr sehr gut. Dr. Fischer vom Limmattalspital will wissen, seit wann bei uns Ministrantinnen predigen. So jung sieht sie aus.

Nicht immer hin und her vom Blumenhaus zur Mauer, von der Mauer zum Blumenhaus. Sich auch einmal hinsetzen. Hinter dem Holzstapel, beim Pfirsichspalier. Irgendwo ungesehen dahinter. Hinter Mauern, Büschen, Bäumen, hinter der Himbeeranlage. Es gibt dieses Getrieben-, dieses Gelocktsein ins Abseits – den Traum, ein gegendloses Abseits zu finden. Wo Kloster selbst ein Abseits ist ...

Aber der Kyrios ging auch weg. Fort aus der Stadt, aus der Volksmenge, auf einen abseitigen Berg. Damit macht er uns klar, daß wir nicht ins Dingliche, ins Welthaftige, in die erdhafte Sichtbarkeit gehören. Daß das alles ein Loch hat. Und daß das mit ihm, dem Kyrios, zusammenhängt. Er ist schuld, daß da, wo man ist, daß da überall eine Klaffung besteht. Dabei glaubt man, alles sei normal so und in Ordnung. Was heißt da: «in Ordnung»?

Klaffung? Wer sich die ruhig überlegt, sieht, daß er sozusagen darin sitzt. Er gibt zu, daß das Welthafte keine Ordnung ist, hinter, über, oder an der vorbei es keine andere gibt.

Klaffung, Loch im Diesseits. Dieses Loch ist Gnade, kommt von Gott, ist im Einbruch der Herrlichkeit des Kyrios entstanden. Durch seinen Tod nicht verschwunden, sondern bestätigt und bis ans Zeit- und Geschichtsende der Welt nicht zu schließen. Und das sagt sich wie von selbst hinter der Himbeeranlage beim alten Steinkreuz auf der Bank dort, so gegen halb fünf Uhr nachmittags, unter Bienengesumm und kreischenden Spatzen, zu mir heran. –

Nächste Woche ist übrigens wieder Beichttag.

Ich habe Lust, mit Schwester Claudina unten im Garten die «Beichtperikope» von der Verklärung zu besprechen. Sie sitzt am kleinen Gartenteich, das Buch der Therese von Lisieux auf ihren Knien. Viertel vor Vier, die Lesezeit ist vorüber, sie erhebt sich. Ich spreche sie an, sie setzt sich nochmals hin, neben mich auf die warmen Randsteine des Weiherchens. «Nur ein paar Minuten», sage ich, und daß ich nach dem Text von der «Verklärung Christi auf dem Berg» zu beichten beabsichtige. Das interessiert sie.

«Gewissensfrage», sage ich, «Schöpfung, wie gehe ich mit ihr um?» Sie sieht den Bezug zur «Verklärung auf Tabor» nicht. «Christus, der Kyrios, verstehst du?», der Herr der Schöpfung, dessen Gottesherrlichkeit auf dem Berg ausbricht. Meine Frage nach meinen Schöpfungssünden steht vor ihm und muß ich vor ihm überlegen und bekennen. «Ja», sagt Schwester Claudina. «Das muß man vor ihm überdenken.» Nach einer Pause: «Für mich gibt es noch einen andern Beichtpunkt.» Sie meint die drei Hütten, die Petrus bauen will. Hütten für schöne geistliche Stimmungen, Gefühle, Erfahrungen. Für Gottestrost, für Erleuchtungen, fühlbare Gegenwart des Herrn. – Man will sie schön für sich haben, in der Hütte versorgen, damit verschwinden darin, für niemanden mehr dasein. «Spiritueller Egoismus», sagt sie.

Morgens um sechs Uhr in der Früh, herrlich klar und kühl. Eine halbe Stunde Marsch unterm glitzernden Himmel aus Julisternen. Der Morgenstern blitzt auf dem Dach unserer alten Mühle wie nie. Heute wird es nicht regnen, das hat noch Zeit. Alles steht ja wundervoll hoch, dicht und buntgebüschelt in unsern kleinen und größeren Gärten und Wiesen. Vor allem die Bäume am Kanal haben noch kaum einen solchen Sommer erlebt, sie stehen viel größer als sonst, viel dunkler, ja gewaltig ineinander oder nebeneinander da. Ergeht es nur mir so sommerlich, oder sagen die anderen auch, noch nie habe das Draußen ums Kloster so herrlich ausgesehen?

Schöpfungserfahrung. Aus der Dichte meines innern Erlebens, meiner Beziehungs-Erfahrung mit Dir, Kyrios, Schöpfer. –

Sibylle hat mir geschrieben. Ich fürchtete schon, sie verletzt zu haben, weil ich sie gebeten hatte, mir die Stellen in ihrem Brief, die Beichte betreffend, nochmals, diesmal mit der Maschine zu schreiben.

Die alte Schwester Birgitta sitzt, über die Seitenlehne ihres Sessels auf ihren Stock gestützt, vor der Beichtkapelle. «Das ist ja wahnsinnig», klagt sie. Sie hat genug vom langen Warten. «Die Junge kommt ewig nie heraus.» Aber da öffnet sich die Türe, sie kann eintreten. Die «Junge» holt sie liebevoll aus dem Polsterstuhl hoch und führt sie zu ihrer Beichte, die dann so laut erfolgt, daß ich mich in den hintern Gangraum verziehen muß. Mir ist die Wartezeit recht. Pater Adrian – wie wird es sein diesmal? –

Auf dem Tisch die Bibel, die kleine Flamme in der Schale und eine Blüte vom Tulpenbaum vor meinem Fenster an großblättrigem Zweig. Pater Adrian erwartet jede, die kommt, an der Türe und reicht ihr die Hand.

Auch diesmal keine Einführung über Gesundheit, Wetter, Ferienpläne. Er erlaubt mir nickend, gleich meinen «Beicht-Text» aus der Schrift – diesmal von der Selbstoffenbarung Jesu als dem Kyrios, auf Tabor – zu lesen. Ich bringe dann beide Punkte: Schöpfung und Hüttenbau vor. In direkter Anrede an den Herrn, als wäre er der Beichtvater, was er ja auch ist.

Ich frage ihn, warum er sich am Ostermorgen nicht wie auf dem Tabor in Herrlichkeit geoffenbart habe, als der, der er ist; der alle Schöpfung Durchwaltende, kam dann aber gleich auf meinen Hang, den ich mit Petrus teile, mich im geistlichen Erkennen und Trost zu sichern wie in einem Haus, das nur mir gehört: spiritueller Egoismus, mit all seinen Folgen im Alltag und im persönlichen Beziehungsbereich. Dann meine Umwelt-Vergehen. –

Pater Adrian sagte halblaut etwas, was sich wie ein Suchen nach einem Wort anhörte, sprach dann, meine Anklage zwar bestätigend, aber auch davon, wie alles Dunkle und Fehlhafte um- und durchleuchtet sei von der Herrlichkeit des Kyrios. Er schloß: «Denn seine Herrlichkeit ist seine Barmherzigkeit.»

Immer die Galaxien, auf der Treppe, in der Zelle, im Garten, zehn Milliarden Lichtjahre vom Rand des Universums bis in ein Schweizer Teleskop, Licht in der Sekunde, sieben Mal um die Erde – was für ein Verhalten deiner Dinge, was für Verhältnisse, kein Verhältnis, nichts zum Halten, Kyrios! Alles aus dir, vor dir, in dich zurück. «Will ich alles an mich ziehen.» Der Raum expandiert. Wie lange? Wohin? Und du willst, daß ich dich auf mich zu, mich auf dich hin erkenne, bestehst darauf, in Beziehung zu stehen mit mir, daß die nicht gestört werde, daß die immer inniger werde, darum willst du, daß ich beichte, das Sakrament der Versöhnung empfange. Weil das unsere, von mir dauernd gestörte Beziehung immer neu heilt.

Ursula M. erwarte mich im Sprechzimmer, sie habe ihr Cello mitgebracht. Ich hole die Geige, Ursula ist Ärztin. Sie liebt beides, geistliches Gespräch und Duettspielen. Diesmal nimmt sie gleich ein Buch aus ihrer Ledertasche. «Am Radio letzten Sonntag wurde ich darauf aufmerksam gemacht, höre.» Sie liest «Ein neues Loblied» nach Psalm 18 von Arnold Benz, einem Astrophysiker der ETH aus Zürich, aus seinem Buch «Entstehung des Universums. Zufall, Chaos oder Gott».

Abendtischlesung: Romano Guardini: «Der Herr». Er sagt Dinge im Kapitel «Apokalypse», daß ich vor meinem Teller Kartoffeln sitze wie mit Helle überrieselt.

> «Daß wir die Geburt des Heilandkindes und ihre Erscheinung in der Apokalypse nicht als einen Gestirnmythos auffassen dürfen, braucht wohl nicht besonders gesagt zu werden ...
>
> Warum als Zeichen am Himmel? Was soll damit gesagt sein, daß das Weib von der Sonne umkleidet, vom Mond getragen, von Sternen umkränzt wird? ...
>
> Was hat das Ereignis der Menschwerdung mit alledem zu tun?
>
> Was bedeutet das alles? Daß Jesus Christus, der in Betlehem geboren wurde, in Palästina lebte, lehrte, litt, starb und auferstand, als ihr ewig gültiges Gestirn über der Welt steht; daß er alles Geschaffene überstrahlt und regiert.»

Guardini fährt fort:

> «Das Dasein des Erlösers ist nicht ins Psychologische, Ethische, Innerlich-Religiöse eingeschlossen, sondern auf das Sein bezogen. Es ist nicht auf das Menschlich-Geschichtliche beschränkt, sondern richtet sich auf die Welt. Das Sein des Erlösers ist von der Ordnung jener Macht, welche die Dinge erschuf; sein Werk von der Art jenes Vorgangs, in welchem die Welt ins Sein gestellt wurde. Wagen wir, es aller Entrüstung ‹reiner Christlichkeit› zum Trotz zu sagen: damit ist ausgedrückt, daß Christus kosmisch ist.»

Genau da bin ich hineingeholt. Das mußte ich nachlesen. Habe das Buch in meine Zelle mitgenommen und die Seiten kopiert, die mich so trafen.

Guardini schreibt weiter:

> «Entfernen wir uns aber damit nicht vom schlichten Sinn der Evangelien und von der reinen Wirklichkeit Jesu? Ist das nicht doch Weltmystik und Metaphysik? Lassen wir uns nicht einschüchtern. Die Evangelien sind gar nicht ‹schlicht›, wie der Einwand es meint. Jesus ist gar nicht jene ‹reine Gestalt›, die von dem Einwand vorausgesetzt wird. Hinter alledem steht ein Dogma, und zwar ein von Menschen stammendes, neuzeitliches, wonach das eigentlich Christliche fromme Menschlichkeit sein muß.»

Ich frage mich: Soll ich mich meiner Interesselosigkeit dieser Wirklichkeit, der «ganzen», der Offenbarungs-Gestalt Jesu gegenüber, die mir erst jetzt aufzugehen beginnt, in der nächsten Beichte anklagen? Aber ist denn geistliches Leben, wie alles Leben, nicht Prozeß?

Ich beschließe bei mir, diesen Punkt vorläufig auszulassen. Wichtiger sind meine Hindernisse, die ich «meiner Auferstehung» – was ist geistliches Leben anderes? – entgegensetze.

Liebe Schwester Hedwig,

«Seine Herrlichkeit ist seine Barmherzigkeit.» Pater Adrian spricht in dieser Quasigleichung eine Grundspannung des Beichtgeschehens aus. Gott schenkt seine Herrlichkeit sogar dem Sünder. Wegen des Schmerzes, der durch die Sünde entsteht, kommt sie beim Menschen allerdings wie verhüllt an: als Barmherzigkeit. Barmherzigkeit läßt aber Herrlichkeit immer schon ahnen, durchscheinen. Daß in der Vergebung die Herrlichkeit Gottes als Barmherzigkeit aufstrahlt, ist nicht weniger großartig als das kosmische Lob der Galaxien. Die Jünger haben die Herrlichkeit Jesu auf dem Berg Tabor geschaut, soweit ihre Augen sie aushielten. Als sie die Stimme mit der Offenbarung des Sohnes vernahmen, gerieten sie gleich in den Schatten der Wolke. Wer die Barmherzigkeit Gottes erfährt, steht schon in der Überschattung der Wolke, die auf den geliebten Sohn verweist.

Auf dem Berg Tabor bricht die Selbstverschwendung Gottes aus. Die Evangelien kennen um Jesus herum das Motiv der Verschwendung: die Gaben der Sterndeuter an das neugeborene Kind; das Weinwunder zu Kana; die Salbung Jesu durch die Sünderin; die Brotvermehrung … Während hier das Gold, der Wein, das Öl, das Brot, also Dinge überlaufend dargeboten sind, verschwendet sich auf dem Berg Tabor die Herrlichkeit des Ewigen selbst, durch den Menschen Jesus hindurchgebrochen.

Ist es verwunderlich, daß die Beichte teilhat an dieser Verschwendung? Der Zuspruch Pater Adrians heißt in der Umkehrung: Seine Barmherzigkeit ist seine Herrlichkeit. Vergebung und Versöhnung sind, vom Menschen her betrachtet, wirklich Verschwendung seiner Herrlichkeit. Wir ahnen nur ein wenig von dem Überfluß, der uns umarmt. Wir können nichts davon in unserer

Hütte festhalten. Die Erfahrung der Herrlichkeit wird wie für die drei Jünger ein seltenes Gipfelerlebnis bleiben. Wenn wir Barmherzigkeit erfahren, und wenn wir Barmherzigkeit als Herrlichkeit erfahren, dann sind wir schon gewandelt von ihr. Sind wir aber gewandelt, strahlt seine Herrlichkeit in den ganzen Kosmos seiner Schöpfung hinaus.

Ulrike

7

DER KYRIOS
UND LAZARUS

Juli–August

Marta sagte zu Jesus: Herr, wärst du hier gewesen, dann wäre mein Bruder nicht gestorben. Jesus sagte zu ihr: Dein Bruder wird auferstehen. Marta sagte zu ihm: Ich weiß, daß er auferstehen wird bei der Auferstehung am Letzten Tag. Jesus erwiderte ihr: Ich bin die Auferstehung und das Leben. Wer an mich glaubt, wird leben, auch wenn er stirbt.

Jesus sagte: Nehmt den Stein weg! Marta, die Schwester des Verstorbenen, entgegnete ihm: Herr, er riecht schon, denn es ist bereits der vierte Tag. Jesus sagte zu ihr: Habe ich dir nicht gesagt, wenn du glaubst, wirst du die Herrlichkeit Gottes sehen? Da nahmen sie den Stein weg. Jesus rief mit lauter Stimme: Lazarus, komm heraus! Da kam der Verstorbene heraus, seine Füße und Hände waren mit Binden umwickelt, und sein Gesicht war mit einem Schweißtuch verhüllt. Jesus sagte zu ihnen: Löst ihm die Binden, und laßt ihn gehen!

JOHANNES 11,17–44

Lazarus, siehst du, der Kyrios hat dich auferweckt, der Herr der Schöpfung, des Lebens, der die Auferstehung ist, der hat dich auferweckt, damit du ein Bild seist für das Neuwerden der Welt aus dem Tod. Wo der Kyrios hinkommt, wo er steht, im Überall steht und lebt, wirst du, Lazarus, wird der «Kosmos Lazarus» auferweckt.

Der Auferweckte versteht mich wohl nicht. Schiebt sich mit gebundenen Füßen eben aus dem Felsengrab heraus vor Jesus hin. Weder er noch seine Schwestern sehen, was mir durch den Astrophysiker Benz aufgegangen ist: die «Dimension Auferstehung» an einem einzelnen «Fall», am «Fall Lazarus» in die gesamte Schöpfung hinaus.

Wie könnten sie, die Geschwister, das verstehen. Nichts gibt es für sie in diesem Moment als den lebendigen Mann in den Leinenbinden. Aber für uns ist die Perikope ein Fernrohr in die Milchstraßen, Galaxien nenne man sie, und von diesem Grab im Felsen zu Bethanien aus hören wir die Meldung des Gelehrten von seiner Sternwarte aus:

> «Der Tod scheint die Welt zu beherrschen.
> Aber auch völlig Neues ist entstanden,
> das noch nie zuvor war.
> Aus Karfreitag hat Gott Ostern werden lassen.
> In der Verzweiflung
> einer großen Katastrophe
> entstand Neues nach seinem Willen ... das uns
> in Jesus entgegentritt.»
> (Arnold Benz: Die Zukunft des Universums)

Was sagst du, Kyrios, zu den Schwestern, als Lazarus im Eingang der Grabhöhle steht? «Löst die Binden», sagst du, «laßt ihn gehen.»

Du hast ihm das Leben zurückgeschenkt, aber noch kann er nicht gehen, sich nicht bewegen. Hast du ihn absichtlich so eingebunden, zugeschnürt und verhüllt vor die Leute treten lassen? Er ist frei vom Tod, aber noch zugebunden. Wie eine Leiche. Sich in der Freiheit des wieder geschenkten Daseins frei und ungehindert zu bewegen, bekommt er erst durch den Dienst seiner Schwestern, die ihn losbinden. So ist es: Kyrios, du machst uns frei, aber der Priester muß uns erst noch losbinden durch die Lossprechung in der Beichte.

Absichtlich vielleicht, dieses Schauspiel an der Grabhöhle des Lazarus von Bethanien, damit wir die Beichte, damit wir die priesterliche Vollmacht aus dem Osterauftrag erkennen.

Letzte Woche hatten wir vier Frauen vom neuen Gottesdienstbuch unsere vorletzte Redaktionssitzung. Im frisch angelegten kleinen Garten neben der St. Annakapelle am Klosterbach. Gut gemacht vom Gärtner aus W. mit der großen Kräuterspirale im Rasen. Kam da jemand, ein großer Mensch mit großem Hut, einer wie aus einem Westernfilm. Wollte mich sprechen. Gleich darauf Telefonanruf, Schwester Melanie ruft mich an den Apparat. Gottesdienst-Buch, Besucher mit Bitte um Auskunft über meine «Stadt ohne Tod», Anfrage aus Köln wegen Gedichten, und alles gleichzeitig. Dabei bin ich jetzt bei «Der Kyrios und Lazarus» und sollte da hinein . . .

Pater Adrian kommt gewiß nächste Woche.

Soll ich *dich* anschauen, Kyrios? Oder in die Geschichte von Lazarus hineinstellen, oder in mich hineinsehen? Die Zelle ist kalt, ich lasse die Türe offen, die Gangfliesen speicherten gestern Sonnenwärme. In mich, oder in dich, Kyrios, hineingehen? Wenn ich Kyrios denke, denke ich Herrlichkeit. Und sehe die Schöpfung umrauscht, durchbraust von Herrschaft, Macht, Leben, Kraft, Licht, und das Umwerfende: Du sagst: Bleibt in mir und ich bleibe in euch.

Wie, in uns, in mir? Erschaffender, Besitzer, Erhalter, Durchwaltender, alles Verwandelnder, Herr, Herrlicher, Gott – in mir? Da steht der Verstand still, etwas anderes bleibt ihm nicht übrig. Das Denken macht nicht mehr mit. Still sein, still sein, hinknien, glauben, schauen, schweigen.

Epiphanie in Bethanien. Ein neuer Ausbruch der Gloria Dei, der Herrlichkeit Gottes auf unserer Erde. Zweitausend Jahre tragen sie bis zu uns her, zu uns ins Fahr. Was sind zweitausend Jahre im Vergleich zum Licht, das in der Sekunde siebenmal um die Erde läuft! Und Licht, das bist du doch. Also längst bei uns angekommen, dieses Herrliche, Allmächtige, was du da gemacht hast in Bethanien, längst über uns in alle Zukunft hinausgeflutet. O mein alles überwindender, Du, Kyrios! Ich sage du und du und immer du ... von dieser Erweckung her, bin ich neu gepackt von deiner Beziehung zu mir, was soll ich das verschweigen? Ob ich davon rede oder nicht, das ändert beides nichts daran, daß du nicht mehr ohne mich bist, und ich nicht mehr ohne dich bin! Daran bin nicht ich schuld, sondern du und daß ich glaube. Und auch daran bist du schuld.

Peter A., Rechtsanwalt, Denker und Musiker, schreibt mir:

> «Wie der Musiker auf seinem Instrument eine Komposi-
> tion dem schöpferischen Gedanken des Komponisten so
> treu wie möglich spielt, so komponieren wir mit unserem
> Denken und Tun auf dem Instrument unseres Körpers
> und Geistes den Schöpfergeist nach. Als Teil des Ganzen,
> das in der Dimension der zeitlosen Ewigkeit bereits da ist
> und das in der Dimension der Endlichkeit unseres Da-
> seins und des Universums ständig neu entsteht.»

Peter denkt hier wie der Astrophysiker. Erstaunlich ist, was er
weiter schreibt:

> «Die Entstehung des Ganzen, diese Fortsetzung der
> Schöpfung kann auch durch unseren freien Willen ge-
> schehen, wenn dieser immer wieder auf den Einklang
> mit dem Schöpfergeist überprüft wird. Wir nennen das
> beichten.»

«Habe ich dir nicht gesagt, du werdest die Herrlichkeit Gottes schauen, wenn du glaubst?» Es war, als öffnete sich der Text und nähme mich ins Darunter mit, wo sich der Boden wegzieht unter den Gedanken. Es gibt den Unglauben unter der frommen Glaubenssicherheit. Verschwommen, unten, läßt sich nicht fassen. Hat keine Gestalt und ist doch da. Wie beichten? Ich weiß es nicht. Wie immer ich es zu sagen versuche, das Dunkel zuunterst – wo ist das? – bleibt. So wie ich damit ins Beichtgespräch gehe, so geht es mit mir nachher wieder in die Zelle zurück. Wie soll man das bereuen, wo es sich vermutlich von mir gar nicht ändern läßt. In einem solchen Augenblick habe ich auch schon geweint.

Aber die Beichte wäscht nicht einfach Flecken weg. Kyrios, du stehst vor dem Stein, der mein Herz verschließt, und sagst wie zu Lazarus: «Komm heraus.» Dieses dein Wort holt mich samt meinem Unglauben in deine Gegenwart. Dich soll ich anschauen, nicht mich.

Regisseur Andre R. war da. Hat mir von seinen Erfahrungen mit meinem «Stadt ohne Tod» berichtet. Das Stück käme sehr gut an. Er hat es auf das neue Spielprogramm gesetzt. Sein Ensemble habe hervorragend gespielt, es aber grundsätzlich abgelehnt. Grund: Auferstehung von den Toten gibt es nicht. Die Ablehnung habe sich gegen Ende der Spielzeit zum Haß gesteigert, was die Sprengkraft des Stücks beweise. Das für die neue Spielzeit engagierte neue Ensemble sei für seine Inszenierung erfreulich motiviert.

Eine schöne Blume im Glas, das macht Schwester Jutta. Sie hat aber vergessen, die Kerze anzuzünden. Jetzt brennt sie, ich warte.

«Habe ich dir nicht gesagt, du werdest die Herrlichkeit Gottes schauen, wenn du glaubst?» Das ist mein Beichttext aus der Lazarus-Perikope. Wie? «Wenn du glaubst?» Pater Adrian tritt ein. Aber ich glaube doch! Kyrios, glaubst du nicht, daß ich glaube? Was heißt denn glauben? Mit offenen Augen in deiner Gegenwärtigkeit stehen und gehen und leben, was noch? Und plötzlich sage ich: «Pater Adrian, heute kann ich nicht beichten. Heute sage ich auf Jesu Frage an Martha: ‹Glaubst du das?›: ‹Ja, ich glaube.› Ich kann sehen. Weil ich glaube, kann ich den Kyrios sehen, ich meine, auf eine Art erkennen, seine Herrlichkeit irgendwie, ihn selbst, mit den inneren Augen, vielleicht sind das die Augen des Glaubens. Ich bin glücklich!»

Pater Adrian freut sich, ich seh es deutlich. Er ermahnt mich nur, zu danken. Er glaubt und sieht auch. Und er segnet mich.

Chance des Beichtgesprächs anhand der Bibel: man darf auch seine Entdeckungen, das Glück neuer Einsichten einbringen. Wir sprachen kürzlich abends unterm Tulpenbaum davon. Schwester Angela schlug vor: bei der nächsten Beichte einmal erst aufzuzählen, was Gutes und Schönes in uns, an uns sei, was wir Erfreuliches mit uns erlebt, getan oder wenigstens versucht hätten. Dann kämen wir automatisch auf unsern Undank, auf unsere Eitelkeit, die Geltungssucht, Machtwünsche, Lieblosigkeiten, und so fort, und so fort ...

Schwester Angela begründet ihren Vorschlag einer «positiven Beichte»: «Weiß denn der Herr Confessarius, wer man ist, wenn er jahrzehntelang nur die schiefen Seiten und Dinge von uns erfährt? Das langweilt ihn doch zu Tode. Wie soll dann sein Zuspruch anders sein als langweilig?»

«Die Bibel hat an Wert und Bedeutung verloren. Wer in unserer jüdisch-christlich geprägten Kultur nach Lebenssinn sucht, hat längst Geschmack an andern heiligen und profanen Büchern gefunden. Frauen fragen: Wieso soll uns ein Buch wie die Bibel interessieren, das von Männern geschrieben wurde?»

Man müsse die Bibel neu, kritisch lesen und hinterfragen ... Aus der Zeitung erfahren.

Offenbarung? Die Türen ins Kyriosgeheimnis der Bibel hinein sind hier verschlossen, wie die im Obergemach, wo die Jünger saßen, am Osterabend. Diese Frauen haben Angst vor dir, Kyrios! Angst, der Auferstandene könnte aus der Schrift heraustreten. Wie Lazarus aus dem Grab. Er kommt ja erfahrungsgemäß auch wirklich da heraus. Ich bin sicher, nicht die Bibel, mich muß ich neu und kritisch lesen und hinterfragen. Ich, mich selbst. Anhand der Bibel, mich, in Beziehung zu dir, Kyrios!

Wir sprachen auf unserem Gang dem Fluß entlang, mittags über Guardinis «Der Herr». Schwester Ingeborg bittet mich um eine Kopie des folgenden Textes daraus:

> «Jede Aussage der Schrift, jeder neu sich darbietende Zug in der Gestalt Christi kann nur die Pflicht bedeuten, unser Bild von Ihm auszuweiten und, wenn nötig, von Grund auf umzuformen. Zerspringt es uns aber, übersteigt es unsere Maße, dann ist das die entscheidende Erfahrung. Dann hat Er sich als Herr über unser Maß bewiesen.»

Steht auf Seite 626.

Schwester Ingeborg möchte diesen Text einem Brief an ihren Bruder beilegen.

«Pater Adrian ist Ihr Confessarius?» Frau v. A., eine geistvolle fromme alte Dame, lächelte. «Ich war lange Jahre sein Beichtkind. Ein sehr innerlicher, weiser Priester. Es war gewiß Verehrung, aber auch Verliebtheit von meiner Seite, die mich bewog, bei ihm zu beichten. Sie werden fragen, und er? Das wollte ich auch wissen, und so faßte ich Mut und fragte ihn durchs Beichtgitter: ‹Hochwürden, sagen Sie mir doch, lieben Sie mich auch, oder bin ich Ihnen gleichgültig?›» Frau v. A. kicherte und blickte mich von der Seite erwartungsvoll an. «Wissen Sie, was er geantwortet hat?» «Nein.»

«‹Beides›, hat er gesagt!»

Man müßte Tag und Nacht still und allein irgendwo sitzen und ins Leere schauen. Ich kann es nicht ändern, ich denke immer: das einzig Richtige wäre, still und allein irgendwo sitzen, wo nichts ist, ich meine, wo es keine Gegenden gibt auf der Welt. Aber das gibt es nirgends, sie besteht aus Gegenden. Es gibt keinen weltleeren Raum auf der Welt, und letztlich will der Kyrios in ihr, seiner Schöpfung, gegenwärtig sein, nicht außerhalb.

Es läutet zur Vesper. Ich habe meine Sonnenbrille verloren. Und für Montag hat sich die Sängerin Frau M. zum Gespräch angemeldet, ich erfuhr es, als ich vorhin mit einer Rechnung vom Buchzentrum aufs Priorat ging.

Carl R., Komponist, mein Vetter, schickt mir das Programm seines neuen Konzertes in Z. Meinen «Tanz des Gehorsams» für Orgel und Harfe. Meisterhaft! Ich bin stolz, seine Verwandte zu sein. Wenn er mit Marie-Louise, seiner Frau, kommt, werde ich ihnen sagen, ich sei wie abgereist. In die Wirklichkeit, die mit dem Kyrios in unser Dasein gekommen ist. Dort brennt es; darin fängt der Vordergrund langsam wie Schnee an zu schmelzen. Da hat man das Gefühl, an einem Ort leben zu müssen, an dem es von Grund auf nirgends mehr stimmt, am Ort Welt. Aber Carls Musik liebe und bewundere ich!

Nüsse, Nüsse, überall Drahtgitter voller Nüsse. In den kleinen Lagerräumen auf dem Estrich, im Freien, im Hof unterm Vordach. Gestern und heute wieder Nüsse, noch mehr Nüsse, Drahtkörbe voll. Was vom Baum am Klosterbach ins Wasser fällt, muß man schwimmen lassen. Schwester Irmgard hämmert im alten Hühnerhöfchen den Rahmen um ein weiteres Gitter zusammen, sie ist unerhört tüchtig, bei allem, was sie tut, überlegt und geschickt. Betreut unsere liebe alte Alzheimerin rund um die Uhr, dazu die Bienen auch, neuestens dörrt sie die Birnen, die harassenweise angefahren kommen, und arbeitet, wenn dringend, am Webstuhl. Alles ist gleichzeitig immer dringend. Ich finde, das reicht. Hole mir die Erlaubnis und sortiere jetzt Nüsse nach ihrer Weisung. Ich habe aber bereits etwas entdeckt: Wenn ich einen Plastiksack voll Haselnüsse an den Wasserhahn hänge, kann ich sie nach einer halben Stunde sehr viel leichter aus den zähen Hülsen lösen. Schwester Irmgard verschweige ich meine Entdeckung; sie könnte vielleicht sagen, das sei zwar praktisch, aber Vergeudung von Wasser, der Hahn laufe am Zähler. Die Wässerung der Nüsse schadet denen aber nicht und schont mir die Finger außerdem.

Meine liebe Silja,

die Idee, die Erweckung des Lazarus für die Beichte fruchtbar zu machen, ist ausgezeichnet. Der Auftrag Jesu, die Binden zu lösen, findet eine Entsprechung in der Übertragung der Lösegewalt an Petrus in Mt 16,19: «Was du auf Erden lösen wirst, das wird auch im Himmel gelöst sein», bzw. konkret als Sündenvergebungsgewalt an die Jünger am Osterabend in Joh 20,23: «Wem ihr die Sünden vergebt, dem sind sie vergeben.» Die Erweckung des Lazarus wirft ihr Licht wie eine Bestätigung der Lösegewalt auf die Kirche. Sie ist es, die dem Sünder jetzt die Binden löst, wenn er aus seiner modrigen Gruft herauskommt. Sie wirkt also mit an der Erweckung des Sünders, aber es ist der Herr selbst, der um ihn weint wie um Lazarus und ihm zuruft: «Komm heraus!» Die Lösegewalt der Kirche kann erst einsetzen, wenn der Sünder sich ihr als schon Erweckter zeigt – noch bleich und mit verdecktem Gesicht, aber er lebt. Ich sehe darin auch ein Bild für das, was man mit Erbsünde, besser: Erbschuld bezeichnet. Der Getaufte stolpert schon als Erweckter daher, er ist vom Tod befreit und dennoch nicht gleich fähig, zu gehen und zu sehen. Sein Leben lang kann es dauern, bis ihm das Schweißtuch ganz abgenommen ist vom Gesicht und bis ihm alle Binden gelöst worden sind. Peter hat recht: Der Wille ist für die Neuschöpfung nötig. Lazarus kam auf den Ruf hin selber heraus. Wir müssen die Bedeutung dieses Willens so groß ansetzen, daß wir sogar sagen können: Ohne ihn geschieht die Erweckung nicht. Ohne ihn kommt Lazarus nicht heraus. Aber genauso gut müssen wir die Bedeutung dieses Willens so klein ansetzen, daß wir zugeben: Und wenn die ganze Menschheit den größtmöglichen Willen aufbringen würde, und keiner riefe sie aus der Gruft heraus, sie bliebe mitsamt ihren Binden im Moderloch liegen.

Ulrike

Ostern ist erfüllte, vollendete Epiphanie. In ihr, die in deiner Auferstehung von den Toten aus deinem Grab ausgebrochen ist, stiftest du die Beichte. Denn jetzt gehört dein Sieg über den Tod jedem Gewissen, das sich in seiner Gefangenschaft auf Befreiung hin sehnt und öffnet.

Kyrios, wahrscheinlich hast du deinen Jüngern vergessen zu sagen, daß wir durch die Beichte dich von Mal zu Mal finden. Wäre ich dort gewesen, ich hätte ihnen gesagt, wie es mir mit «Beichten der Bibel entlang» ergeht. Und daß sie, die ersten Beichtväter, unter keinen Umständen jemanden abweisen sollen, der anhand der Bibel neu beichten will.

Kyrios, deine erste «Amtshandlung» als Herr der Schöpfung, als Erlöser der Menschheit, als der vom Vater in seine Gottesherrlichkeit Zurückgeholte: du schickst deine Jünger zum Beichthören. Du hauchst sie an wie den ersten Menschen am Schöpfungsmorgen und sagst zu ihnen: Empfanget Heiligen Geist. Wozu? Den neuen Menschen will der Schöpfergeist aus dem alten sündigen schaffen. Durch die Versöhnung, den Nachlaß der Sünden in der Beichte.

Wie mich der Vater gesandt hat, so sende ich euch. Wem ihr die Sünden nachlaßt, dem sind sie nachgelassen ...

Ostern ist das Fest der Beichte.

Die späten Himbeeren sind reif. Ich werde mich zum Pflücken melden müssen. Gesammelt bleiben. Geht gut beim Beerenpflücken.

Sammlung ist kein Zustand. Ist ein Sich-dauernd-neu-Zusammenholen an einen innern Ort. Für mich ist es jetzt die Auferstehung, als Gedanke, ja, gewiß. Mehr, als Phänomen, um sie innerlich als Kyrios-Wirklichkeit zu sehen, die von ihm her auch mir gehört.

In der nächsten Beichte geht es ja doch um Ostern. In den Himbeeren werde ich mich darauf vorbereiten können. Das Pflücken lenkt nicht ab. Man sammelt dabei nicht nur die Beeren, sondern auch sich selbst.

Auferstehungswelt ist jetzt, in der wir leben, ich bin sicher. Denn das neue Leben ist jetzt die Situation der Welt, seit du, Kyrios, in ihr als ihr Befreier lebst und sie durchwirkst und durchwaltest. Anders kannst du gar nicht da sein. Ich kann also ruhig Himbeeren pflücken gehen, die Auferstehung ins Neue geschieht welt- und sternenweit, auch im Klostergarten unten am Bach.

Sehr gut, ich gehe hinunter, einen Sonnenhut werde ich finden, einen Kessel zum Umbinden auch. Schwester Beata wird mir zeigen, welche Büsche abzuernten sind.

Pater Adrian ließ sich diesmal, einer Operation wegen, von Pater Gerold vertreten. Auch er ist sehr einverstanden mit meinem «Beichten mit der Bibel». Er spricht mit mir über Sünde, Vergebung, Lossprechung. «‹Lossprechung von Sünden› ist nicht richtig», sagt er.

«Wie, nicht richtig?» frage ich. «Sie sprechen mich doch im Namen und durch die Verdienste Christi am Kreuz von meinen Sünden los.»

«Nein, ich spreche Sie nicht los.»

«Nicht los? Warum nicht?» Was meint er?

«Der Herr spricht Ihnen seine Vergebung zu. Zu! Durch mich.»

Er fuhr fort: «Alles ist vergeben, die ganze Weltschuld, und jedes Menschen private Sünde ist getilgt. Die Beichte ist ein Weg, ein sakramentaler, ein bedeutsamer christlicher Weg, dieses ‹Alles ist gut vom Kreuz her› für sich selbst zugesprochen zu erhalten.»

Ich sehe: Immer wieder bin ich in der altnaturhaften Abwehr gegen das Neue, gegen dieses österlich Existentiell-Neue, in das ich doch jetzt hineingehöre, nach allem, nach all dem Verdanktsein, Befreitsein, Erneuertsein durch den Kyrios. Mir wird erst jetzt bewußt, wie sehr mich im Grunde dieses Wissen moralisch belastet. Die Einsicht macht meinen Hang, mich im alten Trott hartnäckig zu erhalten, schwerwiegender, ernster, vielleicht erst ausgesprochen sündhaft. Dabei weiß ich, diese Naturhaftigkeit kann gerade von ihrer Natur her an sich nicht sündhaft sein.

Regine ist zurück aus Rom. Es sei sehr kalt, aber belebend gewesen, sie sei in ihrer Arbeit versunken, habe mir daher nicht geschrieben. Nun schickt sie mir ihr neues Kinderbuch. Ich dachte: Das Erlebnis eines Hasen am Ostermorgen beim Grab – geht das? Und ich versorgte das Buch in einem Schrank außerhalb meiner Zelle. Gestern kam es mir beim Deponieren einer Mappe mit alten Belegen wieder in die Hände. Auf dem Weg vom Schrank in meine Zelle durch den obern Gang blätterte ich darin, ich mußte Regine doch danken, und wissen, wofür. Und nun, heute komme ich aus dem Garten herauf, plötzlich betroffen vom Zusammenspiel eines Kinderbilderbuches mit meiner Arbeit hier.

Ein Hase, Symbol für die Tierwelt des Kosmos, gehört der nicht ins Kyrios-Geheimnis? Wie der Stern in seine Geburt, wie die Zungen aus Feuer an Pfingsten? Wie Erde, und seltsam, wie Speichel-Zeichen vielleicht für das heilende Wort aus seinem Mund? – Auch die Lilien, der Wein, der Weizen, die Sonnenfinsternis, das Lamm, die Fische, das Wasser, und vieles mehr noch, gehört alles ins Kyrios-Geheimnis der neuen Schöpfung. Nichts aus der ersten geht verloren, gar nichts, alles wird wieder da sein und neu.

Aus dem Tod ins Leben kommen. Nicht ins alte, in dem man war. Das ist nicht Auferstehung, das ist Auferweckung. Wir werden nicht auferweckt, wir erwachen aus dem Tod ins Leben des Kyrios, denn er ist das Leben schlechthin. Die ganze Schöpfung kommt da herein. Ins Kyrios-Leben, das zeitlos im Jetzt mächtig ist und umwerfend darin wirksam. Neues Leben, Verwandlung. Das ist jetzt Welt-Situation. An allen Medienberichten vorbei, die davon nichts sehen, nichts hören. Es gibt aber Leute, mehr als man denkt, die sehen und hören, was im Kosmos jetzt von dir her geschieht, weil du, Auferstandener, jetzt da bist, wo jeder und jede ist, wo alles ist.

Die Kühe sind heute früh so unruhig auf der Wiese unten. Oder muhen sie alle im Chor jetzt, weil eine zu muhen begann? Oder hat eine von ihnen eine Krähe auf der Drahthecke hokken sehen? Wenn der Lärm nicht endet, gehe ich Schwester Johanna fragen, was los sei. Sie kennt die Psychologie der Kühe von Kind auf.

Vielleicht spüren sie den kommenden Herbststurm. Vorgestern Nacht war der schlimm. Der Tulpenbaum vor meinem Zellenfenster hat nur noch Äste. Glücklicherweise ist unsere Weinernte unter Dach, gestern feierten wir Erntedank. Drei riesige Kürbisse vor dem Refektorium, farbiges Laub wie auf einer Fronleichnamsstraße mitten durch den Klostergang gestreut, auch auf den Tischen goldene und rote Blätter, kleine Kürbisse und Blumen, zum Nachtisch Nüsse, erste gedörrte Wasserbirnen und Trauben.

Nach der Messe konnten sich die Leute unten an der Treppe mit einem Apfel bedienen. Ich nahm mir auch einen mit in die Zelle, gehöre auch zu den Leuten.

Ich denke bei mir, die Auferstehung von den Toten ist *das* Christliche. Der Christ ist der im Kyrios Christos auferstandene Mensch. Seine Schuldfrage muß von dieser Wirklichkeit aus gestellt werden. Auf meine nächste Beichte hin stelle ich mich da hinein. Auferstandener Mensch ist österlicher Mensch. Als Christin bin ich dieser Mensch. Was tut der? Was tut der nicht? Wie ist der? Wie ist er nicht? Wo liegt die wesentliche Schuldfrage?

Noch immer Gesangprobe unten. Das neue Antiphonale soll eingeführt werden. Unsere Chorleiterin entläßt die Schwestern nicht vor fünf Uhr. Ich habe aber die Tische zu decken im Refektorium. Noch vor der Vesper.

Morgens erwachen und sich gleich darüber zu ärgern beginnen, daß es wieder wie gestern und vorgestern weitergeht, wie ewig immer, daß da wieder ein Tag nach mir greift, das gibt es. Dabei weiß ich doch: Alles ist anders, alles ist aufgebrochen in die Gegenwärtigkeit des Himmels in der Welt, auch in meiner Welt.

Wenn man aber diesen Unmut, ich kann ihn ruhig Blödigkeit nennen, durch die ersten Frühmorgen-Minuten hindurch in der halbdunklen Zelle wuchern läßt und sich nicht rasch auf die innern Füße, auf den innern Lichtweg stellt, dann besteht echt Gefahr in das «Ach was . . .!» zu schlittern. In den Minimalismus, der sich wieder wie so oft ins «Nurvorne» hinsetzt und dahindöst.

Die alten Mönchsväter würden sagen: Und von da aus geht es in alle acht Hauptlaster. Sie nannten diesen Zustand «Accedia» – «Geistliche Langeweile» – und haben sich davor gefürchtet wie vor einem Raubtier in der Nacht.

Von Pater Adrian habe ich erfahren, wie die Mönche vom Berg Athos in diesem Warten auf den Kyrios, der da ist, stehen. Die haben ein Wort. Ein einziges, das ein Gebet ist. Es sagt nicht: Gib mir, schenk mir, verzeih mir. Auch nicht: Komm. Nicht einmal: Ich preise dich; auch nicht: Ich bete dich an. Es hat das alles in sich. Dein Menschenname, Kyrios, das ist alles. Das hat unsere Beziehung in sich, das hat die Beziehung Gottes zur Menschheit in sich, die Beziehung Mensch–Gott in dir, Kyrios. Ich kannte es, wußte aber nicht, daß er die Kurzformel aller Gebete der Menschheit ist, im Atom singt, in der Sonne singt, im Menschen singt, in mir auch: der Name Jesus.

Später Sommer oder früher Herbst. Es macht nichts, ich kann das ganze Jahr von Ostern her beichten. Eigentlich einzig richtig, von Ostern her. Von woher sonst? Österliche Menschwerdung ist lebenslanger Auftrag und Gang durch die ewigen Alltage des Daseins. Ich kann also auch im Winter meine Osterbeichte machen, auch im Oktober.

Wo beginnt die Besinnung auf das Bekenntnis hin? Ich brauche nicht lange Zeit dafür. Meine Besucherin geht mit einem Buch in den Kapellengarten, bis nachher. «Eine halbe Stunde, verzeihen Sie.» Die Dame lächelt, beinahe amüsiert. Auch sie möchte herzlich gerne wissen, was wir im Kloster denn zu beichten hätten.

Pater Adrians Art, uns zu empfangen, wirkt befreiend.

Ich lese die Osterperikope nach Johannes aus dem Zweiten Testament. Und dann mit seiner Erlaubnis die Seite aus dem Beichtbuch: «Ich denke mir, die Auferstehung von den Toten ist *das* Christliche» ...

Da hatte ich behauptet, eine Christin sei ein österlicher Mensch von ihrer neuen Seinsweise aus dem Glauben her. Damit stellte ich mir selbst den Beichtspiegel vors Gesicht.

Ich habe dann aus mir heraus gesagt, wie ich mich erfahre von dieser Aussicht ins österliche Christsein her. Meine dunklen «Tagzeiten», die mich vernebeln, weil ich mich zu weit hinauslasse in die Banalität meines Dahindösens im Nur-Naturhaften. Daß ich sicher sei, irgendwo beginne da die Sünde, der Schlamassel, die innere und äußere Zuchtlosigkeit. Und das alles, wo ich weiß, was österliches Leben ist und auch fordert. Lauheit nennt das der geistliche Meister. Und was sagst denn du, Kyrios: «Wärst du doch kalt oder heiß. Aber weil du lau bist, will ich dich ausspeien.»

Ich bekannte, daß ich auch mein Psalmengebet, schon die Vigil, die Laudes mit dieser Dumpfheit besetzen lasse. Das sei mir leicht möglich, da ich das Stundengebet privat zu rezitieren habe. Daß ich mich dabei meist beeile, um möglichst bald in den kleinen Garten beim alten Hühnerhaus zu kommen, wo ich im Auf und Ab in der Kyrios-Wirklichkeit zu verbleiben hoffe. Ich fände ihn da. In den Psalmen immer wieder nicht.

Pater Adrian lachte ein wenig. «Es ergeht Ihnen wie den Jüngern am Tag vor Ostern. Dumpfheit, Resignation, Accedia. Diese vorösterliche Stimmung erfahren auch wir. Eine Art alttestamentliche Grundtrauer, die immer noch nichts weiß von der Auferstehung und Gegenwart des Kyrios in der Welt und in unserm Leben.»

Dann kam er auf die Identität, auf die Identifikation des «evangelischen Gottes» mit dem Kyrios in den Psalmen zu sprechen, den zu entdecken eine echte Ostererfahrung sei. Und das eilige Absolvieren der Laudes, um rasch in den alten Hühnergarten zu kommen, ob das nicht auch den Ostermorgen in sich habe, wo Magdalena in Eile zum Grab läuft und dort den Kyrios sucht und sieht und er sie beim Namen ruft!

Wunderbar, meine Beichte und damit mich selbst ins Ostergeschehen hereingeholt!

Und das im Herbst, wo schon kalter Wind weht und Pater Adrians dicker Wintermantel am Türhaken hängt.

Deine Gegenwärtigkeit ist an allem schuld. Daß ich da bin, hier, und hier bleibe und nirgendwo anders sein möchte, wenn es nicht sein muß. Es muß nicht sein. Hier wird deine Gegenwärtigkeit am Ende über mich kommen, wie das Morgenlicht über eine dunkle Wiese, von allen Seiten rundum über mich. Das ist dann ein Sterben, das ins Auferstehen übergeht, das nicht anders kann, als ins Auferstehen überzugehen. Deine Gegenwärtigkeit verändert aber jetzt schon die Gegenwart. Das ist die Entdeckung, die ganz leise, ganz schwach schon beim Erwachen am Morgen auf mich lauert ... sage ich es richtig, lauert? Ja, die Gnade lauert, innig, heftig. –

Auch das gibt es.

Meine Osterschwester,

spätestens jetzt muß der Weg in Deinen Beichtstationen jedem klar aufscheinen. Es sind die zentralen Mysterien Christi, denen Du Dich stellst: seine Geburt, sein Wirken, sein Tod, sein auferstandenes Leben. Die Beichte als Sakrament wird für Dich zur Form der Begegnung mit ihm. Sie stellt Dich in Dxeiner klösterlichen Oster-Zelle in den Hauch des Erstandenen, in den lebenschaffenden Geisthauch seiner Vergebung. Eigentlich hat jedes Sakrament diese Begegnungs-Kraft in sich. Gott und Mensch, das sind zwei ungleiche Partner. Christus selbst, ganz Gott und ganz Mensch, ermöglicht die Begegnung von Gott und Mensch als Ursakrament aller Sakramente. Wer die Form der Beichte für die Begegnung mit Christus wählt, wird sich insbesondere der Differenz, die sich durch die Sünde eingeschlichen hat, je neu bewußt werden müssen, je neu daran leiden müssen, je neu um die Lösung, Loslösung, Erlösung bitten müssen; daran leiden, weil das Alte und das Neue gleichzeitig im Menschen da und wirksam ist. Alles ist anders seit Ostern, aber die Welt dreht sich scheinbar weiter wie ehedem im «Nurvorne». Die Beichte holt uns aus den Rändern unserer Oberfläche in die Innenseite des Lebens. Sie erneuert und wandelt uns im Geisthauch des Auferstandenen, aber noch sind wir nicht zu Ende gewandelt. Wir sind noch im Zustand des Lazarus, sind durch die Taufe schon aus unserem Moderloch hervorgekrochen und erweckt, und warten dennoch leblang darauf, daß uns die Totenbinden weiter und weiter abgenommen werden. Das «Alles ist gut» gibt es für uns noch nicht dauerhaft, nur punktuell. Es wäre eine Illusion, die vor der Wirklichkeit die Augen verschließt. «Alles ist gut», das darf nicht, auch in der Beichte nicht, als Goldstaub über die dunklen Flecken gestreut werden. Es braucht Geduld, ja fast eine Gnade, die Spannung zwischen der Realität der eigenen Brüchigkeit und der Realität des gegenwärtigen Heils auszutragen. Unserer Gesellschaft mangelt es an dieser Geduld. Sie will den Karfreitag überspringen und trotzdem Ostern feiern. Wir brauchen im Verständnis der Beichte einen tiefen Ernst für beides: für das Lossprechen von den Sünden und für das Zusprechen der Vergebung «Es ist gut». Ja, dort lauert die Gnade innig, heftig …

Ulrike

10

HIMMELFAHRT
DES KYRIOS

Oktober–November

*Dann führte er sie hinaus in die Nähe von Betanien. Dort erhob er
seine Hände und segnete sie. Und während er sie segnete, verließ er sie
und wurde zum Himmel emporgehoben; sie aber fielen vor ihm nieder.
Dann kehrten sie in großer Freude nach Jerusalem zurück. Und sie
waren immer im Tempel und priesen Gott.*

LUKAS 24,50–53

Auferstehung ist doch schon Himmelfahrt, und Himmelfahrt ist Auferstehung, ein Ereignis, beide ineinander, von ihrem Wesen her. Das eine sagt den Anfang, das andere das Ende des Ausbruchs der Herrlichkeit Gottes aus Jesu Tod am Kreuz. Was auf den Menschen daraus zukommt, was auf mich eindrängt: die Wahrheit, daß dieser Herrliche, in seine Jenseitigkeit Heimgekehrte in der Welt bleibt, das heißt, bei uns, das heißt, bei mir. Sie und wir und ich sind der Ort, den er nicht mehr verläßt. Erst die himmelfahrende Auferstehung läßt deine Bleibe bei uns zu «– bis ans Ende der Welt», sagst du, oder: «– bis an die Grenzen der Erde». Denn eingegangen in die Raum- und Zeitlosigkeit der «Auferstehung in den Himmel» ist dort die Welt, die Erde, bin ich, wo du bist. Im Überall und Jetzt. Wie weitet sich meine kleine Zelle. Mein Kloster – mein Herz.

Was heißt: in den Himmel auffahren? Ich hätte den Jüngern gesagt: «Himmel ist nicht oben über den Wolken, Himmel ist kein Ort, Himmel ist Zustand. Jetzt ist Jesus das, was er immer war und nie zu sein aufhört: Gott von Gott, der Kyrios.» «Was können Frauen schon wissen – Weibergeschwätz!» Hätte Thomas vielleicht gesagt. Dasselbe was sie den Frauen nachriefen, nachdem sie die Türen hinter ihnen wieder zugeriegelt hatten. Tun sie nicht ähnlich kritisch und schwerfällig, heute, unsere Jünger-Theologen im Umgang mit dir, Kyrios Christos? Die beiden geistlichen Herren, Besucher im Fahr, sahen uns vielsagend wortlos an, als sie im Gespräch mit uns deinen feierlichen Gottes-Titel: «Kyrios», «Kosmischer Christus», hörten.

Carl R. hat vom Konservatorium aus, wo er unterrichtet, vier Schreibkassetten geschickt. Bei Jelmoli sind sie doch noch zu haben, werden aber immer teurer und ergeben pro Stück nicht mehr als zwölf Druckseiten. Faxpapier dagegen siebenmal mehr, eine Entdeckung, die ich gestern Mutter Priorin abends beim Patience zu erklären suchte, was ohne Demonstration am Schreibgerät aber unklar bleibt.

Ich halte durch Regines Hinweis in ihrem letzten Brief auf «Kollektivschuld am Weltkrieg» meine «Kyrios und die Beichte»-Betrachtungen an. Setze mich innerlich hin und überlege, was ich mit der Kollektivschuld am Weltkrieg zu tun habe. Ich war neunzehn, als ich am Radio Hitlers Erklärung von der Vorsehung, die ihn in seinen Großtaten leite, hörte. Vorsehung, ein Begriff, den er über Goebbels einer Predigt des Nuntius Pacelli in Berlin entlehnt hatte. Das steigt in mir auf, wenn ich «Weltkrieg» höre. Und von «Kollektivschuld», die jetzt erst über den Holocaust und das Nazigold bei uns ins Gespräch kommt. Wie betrifft das mich?

Das Erstaunliche, ja Erregende, Kyrios: nicht nur die Messe, das Stundengebet, auch Aufstehen, Essen und Patiencespielen, Haus- und Feldarbeit, das Schreiben, Studium, Meditieren, das Wandern zwischen den Gartenbeeten, alle Gemeinsamkeit, Einsamkeit, alles Schweigen und Ertragen, alle Freude, alle Fragen, das Schlafen und Nichtschlafen nachts, ist alles darin in deiner himmel- und erdhaften Gegenwärtigkeit. In den geistlichen Büchern heißt das allgemeiner: in der Gegenwart Gottes. Darin. Das ist das Neue; dieses Darinsein im Himmel, hier unten auf der Erde.

Du bist in dein Gottsein, das du als Mensch nie verlassen hast, zurückgekehrt, in die Herrlichkeit, die du anfangslos beim Vater besaßest. Davon hast du im Evangelium geredet, vor deiner Passion. Du kehrtest aber nicht ohne deinen Kosmos heim. Du nahmst ihn mit deiner Menschennatur in deine Erhöhung mit. Zur Rechten Gottes. Da bist du nicht ohne ihn, kosmischer Christus!

So sehe ich ihn! Dieser ist es, vor dem ich mich nun Monat um Monat in meinem Tagebuch um unser Verhältnis mühe. «Unser Verhältnis», wie unangemessen gesagt. Um mein Verhalten in bezug auf unsere Beziehung, im Hinblick darauf, daß du bist und ich nicht, außer durch dich. Das ist unser Verhältnis, und das verlangt, daß ich über mein Verhalten zu dir, dir gegenüber, klar werden muß. Von Monat zu Monat. Durch die Beichte.

Es ist richtig, der Tag gehört hier herein, es ist sein Ort. Er gehört dorthin, wo der Kyrios jetzt ist, denn es gibt keine andern Orte mehr. Beziehung ist jetzt alles, des Kyrios Beziehung zu allem Himmel- und Erdhaften. Da in dieser Wirklichkeit steht der Mensch und sein Tag. Der gehört in diese Perikope, in die von des Kyrios Heimgang zu Gott, zu sich selbst.

5.00	Aufstehen
5.30	Vigil
6.00	Frühstück
6.30	Laudes
7.00	EUCHARISTIE
7.30	Terz
7.45	Meditation
8.45	Imbiß
9.00	Arbeit
11.00	Mittagshore
11.30	Mittagessen
12.30	Erholung
13.15	Arbeit
15.00	Kaffee
15.15	Meditation
15.45	Arbeit
17.45	Vesper
18.15	Nachtessen
19.00	Erholung
19.45	Lesung
20.00	Komplet

Kyrios und der Weltkrieg, Weltkrieg und Himmelfahrt? Ich brauche Zeit. Aber da ist ja doch die Eucharistie. Darüber ist nichts mehr zu sagen, ist alles gesagt von hier aus. Der Kyrios hat auch den Weltkrieg auf sich genommen und Satisfaktion geleistet. Nicht mit hundert Milliarden Dollar. Mit seinem Blut. Gut. Ihn kann niemand mehr belangen. Aber mich? Ich glaube an die erste Kollektivschuld aus dem Anfang, mit der ich beladen zur Welt kam. Wie geht es aber weiter jetzt? Was habe ich da zu beichten? In welcher Form?

Himmelfahrt, wieder Epiphanie. Ist Aufblitzen deiner Herrschaft, Kyrios, über und in der Schöpfung. Im endlos sich ausweitenden Raum. Im Makrokosmos. Im nach innen endlos sich eingießenden Leben: Mikrokosmos, beides endlos, beides ewigkeitschaffend in unserem Jetzt und damit Umwandlung ins Neue.

Pater Adrian erzählte, er habe an einer Eranos-Tagung in Ascona sowjetische Mikrophysiker auf die Frage: Ist die Physik einmal am Ende? sagen hören: «Nie»; alles gläubige Männer.

«Mir ist alle Macht gegeben, im Himmel und auf Erden.» Der das sagt, muß der Kyrios sein, wer sonst? Das ist die Kyriosgewalt, die bis in mein Herz reicht.

Aus Südafrika zurück, erzählt mir Pfarrerin Leni von ihren kirchenpolitischen Erfahrungen in Johannesburg. Von Befreiungs-, von kontextueller Theologie, und ich lasse mir erklären, was das ist. Bibel deuten und aktualisieren im jeweiligen Lebenszusammenhang. Aber kann man die Bibel anders lesen und anders leben?

Mich beschäftigt und besetzt die Christologie der Bibel. Eine Art von Entdeckung. –

Leni ist der Meinung, wir Katholiken hätten eine besondere Art, die Bibel zu lesen. Wir gerieten ins Staunen. Das biete die Chance, darin immer Neues zu entdecken.

Pater Gerold hatte sich, als er zur Beicht-Aushilfe gekommen war, gewundert über meine Glaubenszweifel. Daß ich solche hätte. Ich lachte. Da hat er uns mit superfrommen Frauen verwechselt. Nonnen, eine Spezies, bei denen uneingeweihte Beobachter eher Visionen als Glaubenszweifel vermuten. Ich kann aber doch glauben. An den Kyrios. In einer Helle, wie aus einer neuen Glaubensgeburt heraus. Aber es gibt Dogmen, Verlautbarungen. Es gibt das Lehramt. Der hierfür geforderte Glaube ist etwas anderes. Da geht es um Glaubensgehorsam gegenüber der Institution Kirche. Wer kommt da unangefochten durch? Auch der Beichtvater nicht. Man weiß zudem nicht, was man, nach der Beichte, mit diesen «Glaubenszweifeln» tun könnte, um sie zum Verschwinden zu bringen.

Meine «Mit-Schuld am Weltkrieg» fiel mir erst ein, als ich in meine Zelle zurückkehrte. Ich werde sie mir bis zur nächsten Beichte überlegen und mich beraten lassen. Stellvertretende Sühne für die Schuld der Welt, ein Anliegen der geschlossenen Klöster. Beim liturgischen Dienst ist sie uns als unser Auftrag der Kirche nahegelegt. Sie gehört ins Selbstverständnis einer Benediktinerin. Aber wie sehr oder wie nicht sehr engagiere ich mich persönlich? Und wie soll mir das konkret klar werden? Das liturgische Stundengebet wird jedoch ohnehin Thema eines meiner nächsten Beichtgespräche sein müssen.

Morgenlangeweile mag eine echte Anfechtung sein. Man kann sich frühmorgens schon in eine Depression hinein langweilen. Leben? Was soll's? Dieses Halblicht im Fenster, das Vogelgezirp, Öde, Sinnlosigkeit. Dasein, wozu? Was anfangen damit? Die alten Mönche hatten recht, ein gefährlicher Zustand.

Man kann damit in den Garten gehen. Gehen, gehen, nicht grübeln, nicht sinnieren, nicht denken. Denken schiebt einen Deckel auf mein Herz. Kleines Wort «Jesus», das große Wort, der Jubelruf der neuen Schöpfung im Hin und Her, ohne Licht, ohne Gefühl, aber man bleibt dabei. –

Dann ging die Sonne überm Fluß auf. Man konnte beinahe zusehen, wie sich die Sonnenblumen hoben, sich drehten. Die Helle läuft meinem Schatten am Boden nach, erfaßt mich, hat mich. Jetzt singe ich lautlos das kleine Wort, das große Wort . . .

Schwester Lidwina ist schon sehr alt, geht mühsam am Stock. Sie kichert, wenn sie etwas gesagt hat, immer sagt sie: «Jedenfalls.»

«Wo sind die Abtrocktücher?»

«Jedenfalls in der obersten Schublade.»

«Wo haben Sie Ihre Schuhe hingestellt?»

«Jedenfalls unters Bett.»

«Wann werden Sie zum Arzt gehen?»

«Jedenfalls übermorgen.» Sie saß in der Kirche. Sah mich nicht. Begann zu singen. Ohne Buch. Sehr hoch, immer noch ein wenig höher. Ich verstand nichts. Hörte etwas von Liebe. «O Liebe, o Liebe», und dann immer wieder: «Sei gegrüßt.» Wenn ihr oben die Stimme brach, begann sie ein wenig tiefer von neuem: «O Liebe» – und dazwischen: «Halleluja, Halleluja.»

Auch für Schwester Lidwina ist Himmelfahrt jetzt.

Nach der Konsultation will Dr. Walter Sch. allen Ernstes wissen, ob ich Schreibpapier brauche. Wünsche äußern geht für uns den Weg über die Erlaubnis der Priorin. Darf ich die hier voraussetzen? Ich könnte das dankbar akzeptierte Geschenk auch verschweigen. Das bringe ich nicht fertig, gehe gleich mit dem Papierpaket unterm Arm aufs Priorat. Mutter Priorin heißt den liebenswürdigen Einfall unseres Klosterarztes gerne gut, und ich kann die leeren Boxen unseres Xeroxes damit füllen.

Dr. Sch. hatte mir übrigens erzählt, immer mehr Fahrer klebten eine Fischplakette auf ihren Wagen. Kyrios, das Geheimzeichen der ersten Christen im Untergrund für ihren Glauben an deine Gegenwart in der Welt. Vielleicht auf das Jahr 2000 hin in Schwung gebracht. Eine genauere Erklärung dieser Fischplakette habe ich nicht erfahren können bis jetzt. Es könnte eine Form der Evangelisation von «Campus Christi» oder einer anderen freikirchlichen Gruppe sein. Vielleicht komme ich über ein Gespräch im Sprechzimmer auch zu einem solchen Fisch. Ich könnte ihn über mein Schreibgerät an die Zellenwand kleben, solange ich an meinem Beichtbuch schreibe. Wo es doch jetzt den Titel trägt: «Die Beichte im Zeichen des Fisches».

Fisch, Kyrios, da bist du in das Meer heimgegangen. Um uns dort eine Wohnung zu bereiten. Im Meer der Herrlichkeit, im Meer der Gottheit, genannt Himmel. Nicht aufgefahren, hinabgetaucht bist du in deinen anfangslosen und endlosen Urgrund.

Wir gehören auch dorthin, sagst du. Und von daher erfahre ich heute in meiner Beicht-Besinnung meine ganze Gebundenheit an das Erdufer. Weil ich das Meer sehe, wird mir bewußt, wie angebunden ich an der Lände bin.

Meine Himmelfahrtsbeichte war von diesem Angebundensein am Uferpflock her kein Problem. «Pater Adrian», habe ich gesagt, «ich bin nicht eigentlich angebunden daran, ich hänge daran, ich klammere mich daran, ich will nicht hinaus ins Meer. Ich will wohl ab und zu darin, dem Ufer nach, bei ruhigem Wetter hin und herfahren in meinem Boot, ein wenig fischen im Lichtmeer Gott, aber gleich wieder zurück in die Bootshütte. Ich lasse mich nicht ziehen ins Freie des neuen Lebens. Ich sitze in tausend kleine konkrete Schnüre verwickelt, im Erdhaftigen, Welthaften und damit in der Unordnung fest. Ich will gar nicht los. Das ist die Sünde hier und jetzt. Meine Grundrichtung ist falsch. Ja doch, ich will schon los, das ist die Mühsal, wollen und nicht wollen im selben Moment.»

Ich hatte diesmal ziemlich klare Sicht, Föhnsicht über meine Gewissenslandschaft.

Pater Adrian schwieg und hörte zu.

Zwischenhinein schwieg auch ich. Dachte nach. Wo lag die Ursache meiner Anti-Himmelfahrts-Haltung? Ich will mich haben, will alles haben, was mich mir selbst bestätigt. Ich will mich nicht verlieren, den ganzen Tag entlang nicht, will auch nichts verlieren, was ich glaube besitzen zu müssen, um mich selbst zu sein. Wohlbefinden, meine Ruhe, Anerkennung, allerlei in dieser Richtung. Alles in allem: Ich bin verlustscheu, allergisch auf Verzichte, also gegen Armsein, gegen Kleinsein. Das ist nicht nichts von meiner Weihe an Gott her, von meinen Gelübden her.

Das sagte ich also, ungefähr so sagte ich es gestern. Dein Meer, Fisch, Kyrios, ein guter Spiegel. Und die Beichte reißt einen Strick los vom Uferpflock, an dem ich hänge. Du wirst sehen, ich werde noch hinausfahren mit hellen hohen Segeln im Wind vom Aufgang her. –

Pater Adrian hob den Kopf, sah mich an, schwieg einen Augenblick und sagte dann lächelnd: «Sie fahren ja schon.»

Eine Buße bekam ich nicht dafür.

Mein Schwesterlein,

die Dogmen und Verlautbarungen stehen nach der Beichte tatsächlich immer noch da. Aber der Zugang zu ihnen könnte sich wandeln. Ein Dogma ist erst recht verstanden, wenn man nicht die Einengung, sondern die Öffnung sieht. Übrigens ist die Beichte selbst auch ein Dogma! Man kann sich davon nicht absolvieren lassen. Natürlich kommt es vor, daß man sich erstickt fühlt von den vielen Texten von Papst und Bischöfen; von Texten, die ein Großteil der Gläubigen gar nie wahrnimmt und für die man wiederum Erklärungen braucht, wie man sie zu verstehen hat. Aber können die Getauften, vom Zweiten Vatikanischen Konzil neu zur Mündigkeit ermutigt, den Kopf in den Sand stecken und sich an der Kirche vorbeischleichen? Verlangt die Mündigkeit des Getauften nicht, daß er die Kirche, durch die und in die er auf Christus getauft wurde, ernst nimmt? Woher weiß man denn, wie man Christus zu verstehen hat? Von den vielen Formen und Zerrformen des Glaubens in der Geschichte ist vieles noch am Schwelen. Auch die katholische Kirche muß sich hier ihres «semper reformanda» bewußt bleiben. Die Anfragen sind ernst: Ist Christus eine Aufgipfelung des Humanen – nicht aber der menschgewordene Gott, wie ihn die Kirche seit ihren Anfängen bekennt, wenngleich sie um dieses Bekenntnis rang und ringt? Ist die «Heilige Schrift» ein Konglomerat von Texten und Textfragmenten, deren Verständnis man getrost den Textarchäologen und den Philologen überlassen kann – nicht aber Wort Gottes, das dem, der glaubt, die Augen brennen läßt, weil er die Zusammenhänge der Schrift sieht, die zu glauben ihm die Kirche vorlegt? Und ist der Heilsdienst der Kirche vielleicht eine psychologische rituelle Gratis-Tröstung unserer technisierten, seelenlosen Gesellschaft – mehr aber nicht? Sind wir Christen nicht arm dran, nachdem der Kyrios sich in seine himmlische Herrlichkeit zurückgezogen hat seit der Himmelfahrt? Gähnt jetzt seit bald 2000 Jahren ein kyrie-loses (oder: gott-loses?) Vakuum über der Menschheit? Wer verkündet uns das Wort, wer spendet uns Heil, nachdem der Hoffnungsträger sich von der Erde «davonmachte»? Wenn wir glauben, daß der, der zur Rechten des Vaters sitzt, durch die Kirche wirkt, dann ist im Wirken der Kirche etwas von ihm selbst gegenwärtig. Sakramente sind Verdichtungen seiner Gegenwart, auch die Beichte. Da passiert es leicht, daß der Strick vom Uferpflock reißt, man fährt von den Kleinigkeiten fort und weiß nicht wie ...

Ulrike

II

DER KYRIOS
UND PFINGSTEN

November–Dezember

*Als der Pfingsttag gekommen war, befanden sich alle am gleichen Ort.
Da kam plötzlich vom Himmel her ein Brausen, wie wenn ein heftiger
Sturm daherfährt, und erfüllte das ganze Haus, in dem sie waren. Und
es erschienen ihnen Zungen wie von Feuer, die sich verteilten; auf jede
von ihnen ließ sich eine nieder. Alle wurden mit dem Heiligen Geist
erfüllt und begannen, in fremden Sprachen zu reden, wie es der Geist
ihnen eingab.*

APOSTELGESCHICHTE 2,1–4

Du hast ja gesagt, du werdest wiederkommen. Wenn Paulus sagt, der Herr ist der Geist, dann kommst du an Pfingsten, dann kommt Gott an Pfingsten, dann kommt der dreifaltige Gott an Pfingsten, dann kommt der Kyrios-Gott an Pfingsten, dann kommt die Herrlichkeit und erfüllt die Schöpfung an Pfingsten, dann kommt das Heilige ins Irdische an Pfingsten, die Ewigkeit ins Vergehen der Welt an Pfingsten, dann kommt die Vollendung ins Nochnicht-Vollendete an Pfingsten, dann kommt die Vergebung, die Erlösung, die Befreiung an Pfingsten, dann laufe ich ins Pfingsten hinein, wenn ich zum Beichtgespräch gehe, dann ist Pfingsten das Ereignis in der Heilsgeschichte, das sie erfüllt, so daß nichts Neues mehr in ihr geschehen kann, außer die Wiederkunft des Kyrios zum Gericht.

Aber wie ist es denn mit dem Dasein, Kyrios, seit Pfingsten? Noch immer wie vorher. War es vorher anders als jetzt? Vermutlich genau gleich. Der Morgen ist am Mittag weg, der Mittag am Nachmittag, der Nachmittag am Abend, der Abend in der Nacht, und immer steht man im Vorbei. Kann man das Leben nennen? Hat sich das seit deinem Pfingsten geändert? Überhaupt nicht! Das Vergehen klebt uns an und reißt uns mit, es hängt ein Fluch in dem, was man Zeit nennt. Ich hasse diese verschwundenen Morgen, diese weggeholten Nachmittage, wenn ich sie abends in der Zelle zu mir hereindenken will. Und selbst wenn sie hereingedacht sind, die verstorbenen Stunden des verstorbenen Tages – es ist nichts mehr daran. Kyrios, das ist eines der schlimmsten Übel außer der Todsünde, wohl eine Folge davon. Ich habe eine unausgesprochen ausgesprochene Wut auf das Sterben. Aber Gott sei Dank, du stehst mitten darin. Auch in meiner sich schmelzenden Zeit. Dein «Du» bleibt, ist Präsenz, und deine Präsenz stirbt nicht.

Ich mußte die Schuhe wechseln, meine neuen Sandalen dürfen nicht naß werden vom Gras im Noviziatsgarten. Bei den früheren fielen mir jeweils die geleimten Sohlen ab, wenn ich nur drei oder vier Mal im Regen herumlief. Ich kann eben das Herumlaufen zur Zeit der geistlichen Lesung nicht lassen, der Garten ist mein geistliches Buch. Wobei ich oft auch dieses schließe und im Leeren gehe, um dich lesen zu können, Kyrios. Du bist mein Buch, dich muß ich lesen, Seite um Seite, ich habe erst begonnen. Im Noviziatsgarten ist es still, da kann ich dich lesen, die Vögel stören mich nicht. Hier draußen hört man auch die Arbeiter vom Bau nicht, die drinnen vom Glockenhaus her singen, streiten, lachen, schimpfen und fluchen, was man nie unterscheiden kann.

Immer laufe ich in deiner Epiphanie herum. Das ist der Grund, warum du dich mir überhaupt zum Lesen gibst. Weil die Epiphanie deiner Geburt nicht mehr aufhört bis ins Pfingstfeuer, den vorletzten, deinen epiphanischen Höhepunkt, nicht wahr? Gewaltiger, alles umstürzend wird dein letzter sein, wenn du kommst am Ende – Wie gut, daß ich um dich weiß. In dir, in deiner Gegenwärtigkeit von dir ertragen bin. Du liebst es, daß ich dich finde und dich nun ständig mit meiner Beziehung zu dir belange und behafte. Alle meine Schwestern tun das. Du bist nicht nur ganz einverstanden, du verlockst, du verführst uns endlos, uns mit dir einzulassen und abzugeben. Bist du vielleicht ein Liebhaber, und wir sind die Geliebte? Alle, die Menschheit und jede und jeder – deine Geliebte, Kyrios?

Wie wird das sein, wenn du einmal davon sprechen wirst mit mir. So viel haben wir dann noch zu besprechen.

Nicht wahr, das sind Gebete, was ich da schreibe, es sind bestimmt Gebete. Wahrscheinlich höre ich nie mehr auf, in dieser Weise zu beten, immer von deinen Geheimnissen her, die du mir zum Staunen und Lobpreisen zeigen willst. Es ist seltsam, könnte es sein, du willst dich lesen aus mir? Aus meinem Glauben, meinem Suchen, meinem Denken und Erfahren? Warum läßt du mich denn sonst nicht los, ziehst meinen Wissenshunger, meine Sehnsucht nach dem Ganzen durch mein Horchen auf die Bibel, wie nie zuvor, an dich? Du willst von mir hören, was ich von dir denke, darüber freust du dich.

Mir wird bewußt: Pfingsten macht frei. Brennt eine Wand nieder. Man kann mit Gott reden. In allen Sprachen, auf alle Weisen, in allen Formen der Ergriffenheit, des Hingerissenseins. Auch des Schmerzes, der Angst, der Müdigkeit und der innern Nacht. Pfingsten öffnet Schleusen des Erkennens und Einsehens, des Zusammenschauens und damit unbeschreiblicher, weil «andersartiger» Freude – «der nüchternen Trunkenheit» ...

Ohne daß der Alltag seine Gewöhnlichkeit, seine Langeweile, seinen Ärger, seine Müdigkeit, seine Hetze verliert. Bleibt alles darin, aber Pfingsten bringt einen lautlosen Jubel da hinein. Oder dann Stärke und Hoffnung. Ja, Hoffnung.

Frau Gertrud D. gibt unsern Schwestern Stimmbildungs- und Rezitationsstunden. Die dunkle Stimme der früheren Schauspielerin, ehemalige Schülerin von Ginsberg, tönt fremdartig-angenehm den Gang daher. Alle lieben diese Stunden und lachen viel, lang und lustig. –

Klausur, eine gläserne Glocke über unsere Beziehung mit Dir, Kyrios Christus, gestülpt! Ist das ein gutes Bild? Unter einem rundum bis zur Erde reichenden Dach das Leben leben, das bereits aus diesem Erdhaus heraus ist. Richtig. Es ist heraus, durch den Glauben, dessen Sicht und Erfahrung ins Ewige greift. Weil ergriffen davon, es stimmt schon. Klausur, Dasein unter Glocke, unter einem bis auf den Erdboden reichenden Dach. Man trägt dabei den Ring. Schatz oder Angeld des Heiligen Geistes, wie das Professritual ihn nennt. Heiliger Geist – sprengt der nicht alle Glocken und Dächer und Klausuren? Ja, das tut er, darum wissen wir uns mitten in die Welt hineingestellt von ihm, bei allem Leben im Reduit. Und sehen und verstehen unsere pfingstliche Sendung aus der Entdeckung des Kyrios durch ihn und von ihm her. Erst Pfingsten öffnet unseren Glauben auf ihn hin und in seine Geheimnisse hinein.

Ein schmaler Weg, Einbahn, durch Klee unterm Tulpenbaum durch. Immer rede ich von Weg, von Gehen und Laufen durchs Gras. Vom Eintreiben der Schafe gestern abend habe ich noch nichts gesagt. Schwester Sabine bittet mich, das Mutterschaf einzutreiben; es frißt, während es vor mir hertrottet, ständig die Blüten der Kapuziner-Kletten am Drahtgitter der Wiese entlang ab, während ich es zu überzeugen suche, daß es jetzt in den Stall gehöre. Zu stoßen wage ich es nicht. –

Es ist eine so kleine, wirklich eine kleine Welt, das Kloster. Und darin das ganze Ungeheuerliche, das der Kyrios in die Welt bringt: Gott in seinem Wesen. Und wenn ich immer vom Gehen und von Wegen im Garten rede, so ist das für mich ein Zeichen für alles Suchen und Gehen, Laufen und Drängen nach dir, Kyrios, durch die ganze Weltgeschichte.

Alle deine Geheimnisse, die Mysterien deines Erdenlebens sind dann wie beisammen, wenn ich so gehe und gehe und sehe, wie sie in einem Punkt ein Einziges sind, im Punkt deines Namens. Es ist vielleicht ganz natürlich: Rufe ich: «Schwester Sabina!», dann schaut sich die ganze Sabina nach mir um und bleibt stehen, die ganze, auf einem Punkt von mir wahrnehmbar. Rufe ich den Kyrios bei seinem Namen an, steht er mit allem, was er ist, als der, der er ist, still und schaut sich nach mir um.

Seit vorgestern halten die Bienen den kleinen Weg unter dem Tulpenbaum besetzt. Sie lassen mich nicht weiter als nur bis zu einer gewissen Steinplatte im Gras. Ein Schritt darüber hinaus, und schon stürzen sich zwei, wie Grenzposten, mit scharfem Summsignal auf mich los. Ich muß kehrt zurück und wieder nur nicht weiter als bis zu dieser bestimmten Steinplatte. Was haben Schwester Irmgards Bienen gegen meine Beichtbetrachtung? Gerade jetzt über den Kyriosgeist und unsere pfingstliche Beziehung. Der alte Hühnergarten hinter der hohen Westwand des Klosters eignet sich sehr dafür, ich lasse mich von den Biesterchen aus dem Bienenhaus nicht vertreiben.

Wenn ich Ulrike recht verstanden habe, bedeutet Pfingsten die Sendung deines Geistes. Du bist gesandt als der Logos, als WORT aus dem Vater; dann in deiner Menschengeburt in unsere Zeit. An Pfingsten sendest du als auferstanden Gegenwärtiger, als Kyrios, deinen Geist in alle ewige Zukunft hinaus. Und so bist du denn auch zu mir gesandt, und das erkenne ich nun in der Beichte. Pfingsten macht mir die Beichte als Ort meiner Kyrios-Erfahrung bewußt. Mitte November kommt Pater Adrian wieder. Ich werde ihn fragen, wie man sich gegen Pfingsten versündigen kann. Ich möchte mit ihm darüber sprechen.

Leni, die Pfarrerin, schien erstaunt zu sein, als ich zu ihr von Jesu Einsetzung des Buß-Sakramentes am Ostermorgen sprach. Ich hatte sie –, wir saßen im Kapellengarten, im Schatten des großen Haselnußstrauches – gefragt, wie sie mir, in fiktiver Stellvertretung von Pater Adrian, auf meine Pfingstbeichte zusprechen würde. Sie hält meine Anklage der mittelalterlichen Pfingstsequenz entlang für ein gutes Beichtmodell das ganze Jahr hindurch. Ich rezitiere die Verse:

> «Wasche, was beflecket ist;
> heile, was verwundet ist;
> erwärme, was erkaltet ist;
> erweiche, was verhärtet ist.»

Und ich versuche, mich darin zu sehen. Dabei erkenne ich, wie sehr das «Waschen, Heilen, Erwärmen und Erweichen» das Wesen der Beichte, als Wirkbereich des Heiligen Geistes, deines Geistes, Kyrios, definiert.

Leni hält meine Anklage keineswegs für ein «Spiel im Garten». Sie glaubt an Vergebung auch in diesem Fall. Auf mein Bekenntnis, daß ich verwundet sei, weil ich verwunde, die Andern, durch ... und durch ..., fragt sie mich: «Warum?» Sie hat recht. Es ist wichtig, sich über die Motive seiner Fehler bewußt zu werden. Innere Härte, ja Verhärtung bezeichnet sie spontan, mich unterbrechend, als Verfassung und Leid der Gesellschaft, der Welt, des Menschen heute.

Kein Gespräch im Kapellengarten hatte sich bis dahin so tief in unser Inneres hineingewagt. Es schaffte neue Nähe zwischen uns.

Verhärtung, Versteinerung, Leid des Menschen – geht mir durch den Abend nach.

Das Fax von Peter A. fragt an, ob ich am übernächsten Sonntag für Teresas Lektürengruppe frei sei. Das Thema Beichte interessiere sie. Da aber der erste Sonntag im Monat unser «Tag der Stille» ist, müssen wir einen anderen Termin vereinbaren.

Darauf erhalte ich Peters schriftliche Überlegungen zu «Beichte als Ritual». Er schreibt:

> «Rituale verleihen einem wesentlichen Inhalt feste Form. Die Kirche – der Beichtvater – muß sich der ständigen Herausforderung stellen, den Inhalt der liturgischen Rituale lebendig zu erhalten. Die Versuchung ist groß, bloß an der Form festzuhalten und diese gar zu mißbrauchen. Die Beichte steht immer wieder in Gefahr, zur Befriedigung bloß egoistischer, moralischer Sicherungsbedürfnisse mißbraucht zu werden.»

Es tut sich alles auf, was man unter geistlichem Leben versteht. Es ist die Weltweite, die es nun in sich hat, von Pfingsten her. Die ihrerseits das geistliche Leben auch in sich hat. Ich habe sie, sie hat mich. Geistlicher Mensch, was ist das? Ein schöpferischer Ort, ein Kyrios-schöpferischer Ort für Pfingsten, für das Feuerwehen ins Ganze hinaus. Er spürt das nicht, natürlich nicht, die Heiligen vielleicht. Standen mit offenen Augen und Ohren im Brausen und Brennen. Franziskus sicher, Katharina von Siena, Teresa: die spanische und die Mutter in Kalkutta. In ihnen brennt und braust die Herrlichkeit der Kyrios-Kirche auf.

Sue S. war, wie sie mir sagte, gestern abend schon da gewesen. Zum vereinbarten Beichtgespräch mit Pater Adrian, der jeweils am Vorabend unseres Beichttages schon kommt. Sie habe nach den Anregungen von Erzbischof Carlo Martini gebeichtet. Ist das nicht wunderbar, daß auch sie ausgestiegen ist aus ihrem angelernten Beichtmodus? Er habe, daß ich es nur wisse, ihre Beziehung zu den Engeln gutgeheißen. Sie lacht. Ich bin Engeln gegenüber vorsichtig, das weiß sie. Weil ich sie nur im Zusammenhang mit dem Kyrios und nicht neben ihm «orten» kann. Sue hat da keine Probleme.

Die Tageszeitung liegt im unteren Klostergang auf dem breiten Gesims, neben der Gartentüre. Ich überfliege sie regelmäßig. Aber nur die Nummer des Sonntags. Immer ist ja alles schon vorbei, was letzte Woche war. Ausblick durch eine Schiffsluke, aus der Fähre Fahr ins Weltmeer. Vieles ist mir unverständlich. Auch von der Sprache her, deren Begriffe ich immer wieder nicht kenne.

Das ist die Welt, in die du dich eingelassen hast mit Leib und Leben, Gott, Kyrios. Seit sie ist, Blut und Leiden und Tod und Angst, nicht anders, als wie von Anfang an. Aber es lichtert darin von dir. Das nehme ich wahr wie mit einem Seismograph des Herzens. Freue mich darüber, danke dir. Welt im Gebet – Ja, das ist die Antwort auf die Begegnung über die Zeitung mit ihr. Sie hereinholen in die Beziehung, aus der wir leben, die Kyrios-Beziehung mit einer jeden von uns Frauen. Da begegnet Gott der Welt.

Meine Pfingstschwester,

die Klausur-Glasglocke hing wohl schon über den Frauen und Männern der Urgemeinde. Nach der Himmelfahrt, so gibt die Apostelgeschichte Auskunft, blieben sie in Jerusalem ständig in ihrem Obergemach und verharrten dort einmütig im Gebet. Am Pfingsttag befanden sie sich alle am gleichen Ort, als hätte der Geist sie schon zusammengeführt; das ganze Haus wurde vom Sturm erfüllt. Die Klausur, in der Du seit mehr als 50 Jahren zum Gebet zurückgezogen lebst, hat ihre Berechtigung im Innersten von diesem Ereignis her. Obwohl diese Lebensform spezifisch mönchisch ist, gibt es auch andere Klausurräume, in die der Geist einbrausen will. Man denke etwa an Familien: Wenn sie sich nicht bloß als lose Lebenszusammenschlüsse verstünden, sondern sich im Obergemach des Gebetes zur Gemeinschaft einen würden, sähe die Situation der Familie anders aus. Auch für die Kirche selbst ist zu wünschen, daß sie einmütig im Dachspeicher des Gebetes verharrt. Nicht als säße sie unter einer undurchlässigen Glashaube: Was der Geist mit Sturm und Feuerzungen erfüllt, bricht er auf und bringt es in Bewegung; was erstarrt ist, löst er; was kalt und hart ist, wärmt er; was den Weg verfehlt hat, lenkt er. Ohne ihn gibt es keine Vergebung – keine Beichte! Seine heilende Kraft brennt als Geheimnis im Kern der Beichte. Ja, der Beichtende selbst kniet sozusagen im pfingstlichen Obergemach und erbittet den Geist. Wird ihm Vergebung und Heilung zuteil, läuft er als lebendes «Feuerzeichen» in die Welt. Beichte als Endstation gibt es nicht. Der Geist sucht sich – und mag es lange dauern – seine Brandstifter.

Ulrike

12

WIEDERKUNFT
DES KYRIOS

Dezember

Als sie nun beisammen waren, sagte Jesus zu ihnen: Ihr werdet die Kraft des Heiligen Geistes empfangen, der auf euch herabkommen wird, und ihr werdet meine Zeugen sein in Jerusalem und in ganz Judäa und Samarien und bis an die Grenzen der Erde.

Als er das gesagt hatte, wurde er vor ihren Augen emporgehoben, und eine Wolke nahm ihn auf und entzog ihn ihren Blicken. Während sie unverwandt ihm nach zum Himmel emporschauten, standen plötzlich zwei Männer in weißen Gewändern bei ihnen und sagten: Ihr Männer von Galiläa, was steht ihr da und schaut zum Himmel empor? Dieser Jesus, der von euch ging und in den Himmel aufgenommen wurde, wird ebenso wiederkommen, wie ihr ihn habt zum Himmel hingehen sehen.

APOSTELGESCHICHTE 1,8–11

Gestern im Kapitelhaus, vor mir Schwester neben Schwester, sechs, sieben Reihen Schwestern, still, unbeweglich in Anbetung. Plötzlich war da ein Loch, eine fehlte, mitten im Reihenbild. Dieses Loch war ich, mein Platz, leer. Ich war aber doch da. Ja, ich war genau in dem Loch da, das sah ich im selben Blick, ich gehörte im ganzen Weltall nirgend anderswohin als in diese Lücke. Die war von Ewigkeit für mich gedacht. Fehlte ich darin, fehlte im Kosmos ein Stern, oder ein Stein, oder ein Atom, es fehlte etwas. Und ich erkannte, wie alles gefügt, ausgedacht und gestaltet ist. Ordnung, deine Gegenwart schafft sie, fügt sie, hat sie immer schon gedacht und geplant, nichts liegt außerhalb dieser Ordnung. –

Es ist – das kommt mir jetzt –, als fehlte ein Ton in deiner Sinfonie, Kyrios, wenn ich nicht da kniete jetzt, im Kapitelhaus in der achten Reihe am zweiten Platz.

Es gibt deine geschichtliche Wiederkunft, von der du, Kyrios-Jesus, im Evangelium sprichst und die Offenbarung des Johannes redet. Sie liegt aber vorne, so weit vorne, daß, wenn Teilhard de Chardin «errechnet» hat, die Menschheit sei erst im Kindergarten-Alter, es noch Milliarden Jahre dauern werde bis –

Dann sei es soweit. Das sagt er nicht, aber was soll oder wer soll dann kommen?

Ich sehe es anders. Deine Wiederkunft, Kyrios, die ist jetzt. Vor einer halben Stunde sind wir aus der Messe der Feier deiner Ankunft in der Welt, von der St. Annakapelle unterm Regen durchs Hoftor ins Refektorium zum Frühstück zurückgekommen. Warst Du vielleicht da nicht mehr anwesend, Zeitloser, du den Kosmos durchwaltende Gegenwärtigkeit Gottes? Wir haben dich empfangen, aufgenommen im Brot. Wenn wir in dir bleiben, hast du versprochen, nie wieder fortzugehen. Ist das nicht Zusammenkommen, Erfahrung der Wiederkunft Christi?

Heute, jetzt, morgen und immer so zusammen zu sein und zu bleiben ist keine Frage. Das heißt, es ist eine in der Beichte zu überdenkende Frage.

Jesus ist jetzt ins Ganze eingegangen. Das Ganze ist Gott. In diesem Ganzen ist alles, auch die Welt, da sind auch wir. Da bin auch ich. Denn er hat die Menschheit samt aller Schöpfung ins Ganze, zu Gott mitgenommen.

Von daher muß ich Wiederkunft verstehen. Ich verstehe sie als Gegenwärtigkeit des Kyrios unter uns. Seit Ostern, seit Pfingsten ist er nirgend mehr nicht da.

Er ist gekommen. Und kommt. Er ist «Kommender». Das Kommend-sein ist seine Eigenschaft. Dazu ist er gesandt: zu kommen als der, der er ist. Strömt als der Kyrios im Heiligen Geist aus dem Vater, und dieses sein Kommen in die Welt hat kein Ende, bis der Vater sagt: «Es ist jetzt genug.» An jenem Tag, den auch die Engel nicht kennen.

Wie macht mich diese Tatsache still. Auch denkstill. Was soll man noch nachdenken und studieren, wo er kommt, jetzt, hier –

Sein Dasein ist Kommen: Ein immer Mehr-Dasein. Eine Gegenwart, die nicht aufhört zu kommen.

Entdeckung im Garten: Kyrios, jedes meiner «Jetzt» ist auch Dein «Jetzt». Und dieses unser Jetzt ist eine kleine Kugel. Sie ist voll, total voll von dem, was du bist, was du in diesem Jetzt tust, himmel- und erdenweit tust, und voll von dem, was ich im Jetzt gerade zu tun habe, und auch voll von dem, was ich bin, das auch. Außerhalb dieses unseres «Jetzt» gibt es jetzt nichts.

Ich muß jetzt zum Frühstück ins Refektorium. Diese Viertelstunde am Morgentisch ist ein solches, von Himmel und Erde volles Jetzt. Weil Du darin bist, Kyrios, in unserer Jetzt-Kugel. –

Ich habe nachts im Traum leise das Kirchenportal während eines Gottesdienstes ausgehängt. Bekam Angst und wollte es wieder einhängen. Aber die Flügel kippten oben nur immer übereinander. Schwester Jakoba kam und wollte mir helfen, es ging nicht.

Neun ein Viertel, Zeit für die Sonntagsmesse. Ich werde in der Jetztkugel zu bleiben versuchen, in der eucharistischen Jetzt-Kugel. Dann bin ich nicht mehr so verstreut in alle Winde!

Was Sibylle denkt, ist richtig. Sie hält alle drei Beichtformen für notwendig: die alte Beichtspiegel-Beichte, das freie Beichtgespräch und die Beichte auf Grund eines Bibeltextes. Zur letzteren schreibt sie gestern:

> «Deine Beichte anhand eines Bibeltextes finde ich großartig, weil dadurch endlich wieder einmal die Bibel, die Schrift in den Vordergrund rückt. Sie erfährt dadurch eine ihr endlich wieder zukommende Aufwertung und ihren zentralen Platz im Leben der Christen.»

Dich erwarten, Kyrios – auf dein Kommen hin eben, einfach leben. Einfache, immer einfachere, immer stillere Tage, soviele es noch sind, in dieses dein Kommen hineinlaufen durch die Stunden der Zeit. Die läuft auch auf dich zu. Zieht sich wie von selbst zusammen auf diese immer näher kommende Zukunft, in der sich alles für immer entscheidet, alles, für immer. Es ist ein Horchen und Stehen in einem in die Nacht hinein dämmernden Abend. Ein Dunkel, das leuchtet von Helle. Leuchten und Nacht, beides kommt auf mich zu, ich weiß woher.

Mir wird klar, was meine Beichte hier zu tun hat. Sie hat deinem dauernden Kommen den reinen Raum zu schaffen und zu erweitern. Es geht hier um das Wesen und den Sinn des Jesus-Gebetes, dieses östlichen Namensrufs des Kyrios. Durch ihn wird die Tiefe nach innen zu offen, aus der es aufsteigt. Hat ihren Aufgang, wenn er verschüttet ist, freizulegen, hat mich selbst heraus in der Freiheit anlangen, in sie eingehen zu lassen, die mir dieser dein Menschenname, Kyrios, vermacht, deine Freiheit, erbrechtlich übermacht für immer.

Die Kirchenrenovation geht weiter. Die Sonntagsmesse findet im Vortragsraum statt. Schwester Katharina spielt beim Offertorium auf dem Cembalo natürlich nichts Orgelmäßiges, sondern so ein französisch-klassisches Stück mit Trillern jeden vierten Takt. Ständig flattern Zitronenfalter in meiner Kugel herum.

Aber ich muß mein Dasein in der Jetztkugel üben, versteht sich. Es ist eine wunderbare Entdeckung und geht von deiner Gegenwärtigkeit aus, Kyrios. Das Dasein im Jenseits, das Jenseits im Diesseits des Daseins.

Nun bist du ganz Gegenwart. Was du bist, das ist da. Pfingsten macht den Kosmos zum Dornbusch, der im Kyriosfeuer brennt, wie jener vor Mose am Horeb. Man sieht seine Funkzeichen in jeder klaren Nacht. Deine Geburt ist mit dir da, dein Leben ist da, dein Kampf, dein Leiden, Tod, deine Auferstehung, deine Erhöhung, deine herrscherliche Herrlichkeit in allem und über alles ist da. Nichts von dir ist nicht da. Alles das ist weiter da und geschieht – ich weiß, man sagt dafür «Anamnese». Aber das wissen die Clarissen, die Karmelitinnen und die anderen dieser Pfingstfrauen anders. Sie sehen es und nennen sich: Marie de l'Incarnation, Teresa a Cruce, Anna von der Auferstehung, Blanche de Pentecôte – Sie wählen diese Kyrios-Ereignisse als neue Namen, weil sie sehen, daß sie im Jetzt und Hier geschehen und sie darin sind, um sie mit auszutragen, als ihr Berufungsgeheimnis. Das versteht wirklich nur, wem es auferlegt ist.

Durch die langen, breiten, hellen Klostergänge von der Zelle zum Priorat, vom Priorat ins Refektorium, Stille bewahrend, schweigend gehen, eine normale monastische, ja altmönchische Gewohnheit. Sie hätten absichtlich solch hohe, lange Gänge gebaut, um darin lange gehen, lange schweigend gehen zu können, die alten Benediktiner. Es gibt Zeiten des Tages, wo kein Laut, kein Geräusch, keine Türe, keine Schritte die Stille stören. Meine neuen Sandalen gehen auch sehr leise. Dann sind innen die Kyrios-Ereignisse alle beisammen in einem Wort, Gebetswort, dem Ruf der Mönche vom Berg Athos: «Jesus!» Es gibt nichts beizufügen. Alles in einem Geschehen, das im «Namen des Herrn» in diesem Namen, dem Kyrios-Namen Jesus, zusammengefaßt, in die Welt, in mein Herz hinein geschieht.

Die Klostergänge seien gebaut dazu, daß «es» erfahren werden kann.

Und doch steht man immer im Halbdunkel, das oft ganz aus-
löscht. Die glashelle Sicht auf einem oder noch einem Punkt in
der Glaubensgegend ist dann wie nie dagewesen, das muß man
dann ertragen. Auch das gehört in die lebendige Gegenwärtigkeit des Daseins Christi, des Kyrios. Welche Gottverlassenheit
erlitt, erleidet er, zeitlose Gottverlassenheit, immer, auch heute
und überall auf Erden, wenn ich denke, nur in Zürich zum
Beispiel . . .

Erleidet sie auf der ganzen Welt, wo er doch in allem
Menschlichen – nur nicht in der Sünde – da war, da ist, da
bleibt; das kommt von seiner Überweltlichkeit, in der er da ist
in der Welt. Ich weiß auch, daß es durch die ganze Geschichte
der Christenheit Leute gibt, die auf besondere Weise darin in
seinem Leiden leiden. Wie Franz von Assisi zum Beispiel. Ge-
schichtlich und übergeschichtlich. Für unsere Denkweise so
schwer verständlich.

In unserem Garten am Bach steht eine Vogelscheuche. Ein Pflock, ein Querbalken, eine lange, weite gelbe Plastikfahne daran. In einem großen frisch angesäten Stück Erde. Sieht gespenstisch aus im Wind. Vogelscheuche aus einem hölzernen Kreuz, dein Zeichen, Kyrios. Du hast dich für uns nicht nur zur Sünde, du hast dich für uns auch zur Vogelscheuche gemacht. Für viele ein Gespenst im Wind, das sie aus ihrem Lebensgarten vertreiben will.

Ich sprach mit Ulrike darüber. Sie nickte und sagte dann: «Vogelscheuche – könnte auch der Titel eines Buches über die Beichte sein.»

Ich denke an Alina. Seit zwanzig Jahren geht sie nicht mehr beichten. Sie hat Angst. Beichtstühle in den Kirchen treiben sie hinaus. Alina besucht aber gelegentlich Beichtandachten. Es könnte sein, sie kommt demnächst zu mir, der neue Beichtweg interessiert sie.

Die Beichte wird ein «unliebsames Sakrament» genannt. Für Alina ist sie eine Vogelscheuche. Vielleicht bekommt der Vogel ihres Herzens aber eines Tages den Mut, sich darauf zu setzen, weil er erkannt hat, daß Beichte ein Geheimnis des neuen Lebens bedeutet, deines Lebens vom Kreuzespflock her, Kyrios!

Wiederkunft Christi, da ist doch die Hochzeit! Wiederkunft ist Hochzeit. Steht alles klar in der Offenbarung des Johannes. Du kommst, um Hochzeit zu feiern mit deinem Kosmos, Kyrios. Es stimmt mit dem Kommen, von dem ich seit Beginn meines Beichtweges überzeugt bin. Du kommst und kommst, und dein Kommen ist Heimholung, Heimführung. Du hast gesagt: Ich gehe, aber ich werde wiederkommen und euch zu mir holen, dorthin, wo ich bin.

Du wirst Hochzeit feiern, mit der Schöpfung im Bild der Stadt, die wie eine Frau weißschimmernd «bereit für ihren Mann» ist. So steht es.

Die Hochzeit ist das Letzte, das Gewaltigste im Kyrios-Geschehen, und wie alles darin, zieht auch das sich zusammen auf einen Punkt, ins Herz jedes Menschen.

Sie trägt auch schon den Ring, Schwester Lea. Der Professring ist ein einfacher runder Reifen, ein Ehering. «Brautschatz des Heiligen Geistes» nennt ihn die alte Liturgie. Ein geistlicher, nicht leicht verständlicher Titel für dieses Symbol unserer Lebensweihe.

Wir sitzen hinter der Himbeeranlage. Lea versucht zu erklären, wie es ihr ergehe mit Gott. Es geht nicht. Mit Gott und mit Erklären nicht. Dann der Dienst im Haus, hält sich für unfähig, weint darüber, daß sie sich nicht für fähig hält. Daß sie weint. Was ich sage, kommt nicht an. «Sehnsucht», sagt sie, «nach ... nach dem einfachen Vor-Gott-Sein, in der Zelle, in der Stille, sein – einfach sein, im Leeren, wo nichts ist ... in der Betrachtung nichts, nichts denken, nichts sagen ... nur sein ...»

Kyrios, das ist deine Angelegenheit. Da bist du schuld, dein Kommen, dein immer gegenwärtiges Kommen auf Schwester Lea zu.

Es sind die drei Männer unter der Terebinte, die mir den ganzen Tag vor Augen stehen. Es heißt, als die kamen, die Wüste daher, saß Abraham vor seinem Zelteingang. –

Es war aber doch der Herr, der kam. Der Herr, das ist der Kyrios. Immer sitze ich vor deinem Zelteingang und warte, darauf, daß du kommst. Warte durch alle deine Geheimnisse, daß du endlich kommst, für immer kommst, zum Bleiben kommst und ich hinter dir hinein darf. Sitze bis dahin vor dem Eingang deines Zeltes, in das wir, alles was lebt, hineingerufen sind, ins Zelt des Königs. Denn daß es dieses Zelt, diesen Eingang, diesen König gibt, davon lebt das Universum. Halboffener Eingang, halb, zum Hineinschauen, Hineinhören schon offen, man kann wirklich nicht aufstehen und fortgehen. Wohin?

Frau Maja L. hatte mir gesagt: «Es ist schlichtweg nicht wahr, daß die Leute nicht mehr beichten wollen, weil sie nicht mehr glauben. Aber viele machten derart deprimierende Erfahrungen einer völlig veralteten Beichtpraxis, daß sie die Beichte abgehängt haben. Statt befreit und erlöst, gehen sie mit mehr Problemen nach Hause, als sie sonst schon haben. Sie fühlen sich noch schlechter als zuvor. Warum sollen sich die Leute jemandem anvertrauen, der ihr Vertrauen nicht zu verwalten versteht? Warum sollen sie sich noch mehr Probleme aufladen lassen, als sie sonst schon haben?»

Und heute schreibt sie:

> «Es ist auf jeden Fall gut, wenn endlich einmal andere Worte über die Beichte zu hören sind. Wenn die ganze Beichtgeschichte nicht länger als amtliche Funktion behandelt wird, wenn ihr die wahre Bedeutung zurückgegeben wird ...»

Kyrios, und deine Hochzeit mit Sulamith? Die jeder Mensch, jede Frau, jeder Mann, die die Menschheit ist, deine Liebeshochzeit. – Hat das Beichtsakrament hiermit vielleicht auch etwas zu tun?

Jenseits im Diesseits, Jenseits im Menschsein und noch anders: Dasein im Jenseits, alles ist richtig. So nahe durch die eucharistische Kommunion wie nirgend sonst.

Kyriosmenschlichkeit, die Sulamith zuruft: «Ich komme in meinen Garten, Schwester Braut.» Und sie antwortet: «Leg mich wie ein Siegel auf dein Herz.» Worte des Heiligen Geistes, Hochzeitsverse des biblischen Hohenliedes.

Hoheslliederfahrung und Beichte? Es handelt sich da um die kleinen Füchse im Weinberg. «Fangt sie», bittet Sulamith, «sie zerstören alles.» In der Beichte werden sie gefangen, die kleinen und großen Gegenspieler der Einheit des Kyrios mit seiner Braut, der Kirche, der Menschheit des Menschen, der ihn sucht. Beichte schenkt Bereitung der Hochzeit im endgültigen Leben. Jede andere ist Provisorium, auf die Kyrioshochzeit hin gedacht und eingesetzt.

Die kleinen Füchse – man muß wissen, wo die sind, was und wie sie sind. Für jeden Menschen und jeden Tag haben sie ihre eigene listige Taktik. Was wollen sie? Die Hochzeit verhindern.

Man kann nachsehen, wenn man von einer Hochzeit am Ende der Welt noch nichts gehört hat, man findet alles in den letzten Kapiteln der Bibel. Die ganze Offenbarung des Johannes ist ein einziges Kyrios-Geschehen. Und am Ende steht das Lamm da. Lamm, ein Lamm ...

Ein Lamm – der Kyrios. Ein Lamm, das Hochzeit hält. Deine zweifache Wesenheit, Mensch und Gott, Erde und Himmel, Ohnmacht und Allmacht.

Kyrios – Lamm, dich zusammensehen, Gottherrlicher, ein Lamm! Kein Riß dazwischen, kein Abgrund, kein Nonsens. Eine heilige Wahrheit in Person. Sie hält Hochzeit, wenn sie mit ihrem Kommen zu Ende gekommen ist ...

Dann sitze ich hinter dem Pfirsichspalier beim Holzstapel, neben dem Waschhaus und sehe dich für immer kommen. Das habe ich dir schon gesagt, wie ich mit dir zu sprechen begann, an jenem Abend, als Pater Jerome kurz vor seinem Tod für die Beichte von der Abtei zu uns herüber kam.

Dame aus Wien, Edith K., sprach heute nach der Messe Schwester Sakristanin an, ob ich noch da sei. Das heißt wohl, ob ich noch am Leben sei. Seltsam, wie das in mich hinein tönt. Man denkt sich demnach, ich sei vermutlich gestorben. Aber das ist es doch, was mir jetzt dauernd vor Augen steht, nicht mein Weggang, aber dein letztes Kommen, Kyrios, auf mich zu, bevor du nie mehr kommst, weil du da bist.

Für jetzt warte ich noch.

Die Beichtfrage heißt hier: «Bin ich zu Hause, wenn Du kommst?» Das heißt jetzt, nachdem ich dir dem Evangelium entlang durch deine Geheimnisse auf meinem Beichtweg gefolgt bin: Lebe ich im Jetzt deines Kommens und deiner Gegenwart?

Wie macht man das konkret?

Wann ja, wann nein? Warum ja, warum nein? Wenn nicht, warum das anklagen? Ist das Sünde?

Kyrios, du gibst uns viel, uns Frauen im kontemplativen Leben. Wem du viel gibst, von dem forderst du auch viel. Das hast du selber gesagt. Was objektiv nicht als Sünde bezeichnet werden kann, kann subjektiv sehr wohl Sünde sein. Von der erkannten Beziehung zu dir her. Es gibt in ihr keine neutrale Zone mehr. Was die Liebe unterläßt, fehlt. Ist Fehler.

Gottesbeziehung ist je eigen, Sünde ist auch je eigen, und so halte ich es für richtig und notwendig, daß ich mich der Mängel an Aufmerksamkeit auf deine mir zugewandte Gegenwart anklage, wie und aus welchen Gründen immer.

Zuhause sein, wachen, warten, nach dir Ausschau halten, dich kommen sehen, melden und alles in allem zusammengefaßt: Glauben und darum bleiben und darum singen – das ist jetzt die offene Beichtlandschaft für Bekenntnis, Reue, Freude und Dank.

Beichten im Blick auf des Kyrios Wiederkunft ist einfach. Bereit sein, wachen, erwarten, glauben, hoffen. Da sieht man leicht, was zu sagen ist. Ich fand, die Kurzformel «Leben im Jetzt» sei die Gewissensfrage. Denn da ist die Offenheit dem immerwährenden Kommen und Dasein des Kyrios gegeben. Wozu sonst im Augenblick leben, wenn dieser Augenblick nicht Ort seiner immer kommenden Gegenwärtigkeit ist? Ist er es nicht, sehe ich den Sinn dieser geistlichen Übung nicht ein. Genau hier aber stelle ich mein ewiges chronisches «Draußenherumlaufen» fest, von dem unsere Regel, die des heiligen Benedikt, behauptet, es sei dem «Mönch durchaus nicht zuträglich». Kyrios, immer wenn du kommst, bin ich nicht zu Hause. Zu meinem Erstaunen schaltet sich Pater Adrian hier ein mit der lächelnden Erklärung, das sei auch sein Problem.

Wir sprachen dann noch eine Weile darüber. Es ist schön, wenn der «Beichtvater» sich mit dem «Beichtkind» solidarisiert oder gar identifiziert.

Jemand muß zu Hause sein, Kyrios, wenn du kommst. Jemand muß dich erwarten. Unten am Fluß vor der Stadt. Jemand muß nach dir Ausschau halten, Tag und Nacht. Wer weiß denn, wann du kommst. Kyrios, Herr, jemand muß dich kommen sehen durch die Gitter seines Hauses. Durch die Gitter – durch die Gitter deiner Worte, deiner Werke, durch die Gitter der Geschichte, durch die Gitter des Geschehens immer jetzt und heute in der Welt. Jemand muß wachen unten an der Brücke, um deine Ankunft zu melden. Kyrios, du kommst ja doch in der Nacht wie ein Dieb. Wachen ist unser Dienst. Wachen. Auch für die Welt. Sie ist so leichtsinnig, läuft draußen herum, und nachts ist sie auch nicht zu Hause. Denkt sie daran, daß du kommst? Daß du ihr Herr bist und sicher kommst? Jemand muß es glauben, zu Hause sein um Mitternacht, um dir das Tor zu öffnen und dich einzulassen, wo du immer kommst.

Kyrios, durch meine Zellentüre kommst du in die Welt und durch mein Herz zum Menschen. Was glaubst du, täten wir sonst?

Wir bleiben, weil wir glauben. Zu glauben und zu bleiben sind wir da, draußen am Rand der Stadt. Kyrios, und jemand muß dich aushalten, dich ertragen, ohne davonzulaufen. Deine Abwesenheit aushalten, ohne an deinem Kommen zu zweifeln. Dein Schweigen aushalten und trotzdem singen. Dein Leiden, deinen Tod mit aushalten und daraus leben. Das muß immer jemand tun mit allen andern und für sie. Und jemand muß singen, Kyrios, wenn du kommst! Das ist unser Dienst: Dich kommen sehen und singen. Weil du Gott bist. Weil du die großen Werke tust, die keiner wirkt als du. Und weil du herrlich bist und wunderbar wie keiner. Komm, Herr! Hinter unsern Mauern unten am Fluß wartet die Welt auf dich.

Amen.

Liebe Silja,

ebenso wird er wiederkommen, ebenso, wie er in den Himmel aufgenommen wurde. Ebenso – ein ungeheuerliches Wort! Es gibt in den Kyrios-Ereignissen Identität. Der, der in den Himmel ging, hat seine Menschheit nicht abgeworfen. Und der, der wiederkommt auf die Erde, läßt den Himmel nicht zurück. Die Spannung von oben und unten, von Gott und Mensch, die seit seiner Geburt in allem aufschillert und uns den Kopf verdreht, erweist sich als bleibende Einheit. Ja, Gott ist im Jetzt, und nirgendmehr ist er nicht da. Je mehr es wahr wird, daß sein Jetzt auch unser Jetzt ist, um so mehr ist er schon gekommen. Das nimmt nichts weg vom Ende, das kein Ende hat. Er wird aber noch mehr kommen. Erst wenn wir uns selbst zu Ende gebeichtet haben, wenn nichts mehr uns trennt von seinem Jetzt, dann ist er da. Es wird aber sein. Und es hat schon begonnen. Daher können auch die Türflügel am Portal des Herzens ruhig anfangen zu kippen. Die Ränder werden unscharf im Je-mehr seines Kommens.

Und die Beicht-Vogelscheuche? Sie steht noch zerzaust auf ernteschwangerem Feld. Ein Kreuz mit ein paar Lumpen herum – die Karikatur eines Menschen? Morgen steht sie immer noch da, für uns hingestellt. Eines Tages aber sehe ich sie fortgehen; sehe sie fortgehen durch die gekippten Flügel des Portals, als trüge sie unsere Lumpen nach Haus.

Ulrike

Silja Walter

Gesamtausgabe

Das literarische Lebenswerk Silja Walters wird in einer Gesamtausgabe neu präsentiert. Sie erscheint im Paulusverlag unter der redaktionellen Leitung von Ulrike Wolitz. Die einzelnen Bände sind mehrheitlich nach literarischen Gattungen aufgeteilt. Neben den bereits erschienenen und oftmals inzwischen vergriffenen werden auch solche Werke aufgenommen, die noch unveröffentlicht sind. So entsteht eine einzigartige Dokumentation des literarischen Schaffens Silja Walters, «einer der bedeutenden Lyrikerinnen der Gegenwart und einer wichtigen Stimme aus dem religiösen Raum».

(Neue Zürcher Zeitung)

Bisher erschienen:

Band 1: Frühe Gedichte, Texte, Erzählungen und Spiele
Band 2: Monastisches Werk
Band 3: Dramatik I
Band 4: Dramatik II
Band 5: Dramatik III
Band 6: Prosa I
Band 8: Lyrik
Band 9: Spiritualität I

In Vorbereitung:

Band 7: Prosa II
Band 10: Spiritualität II

Paulusverlag Freiburg Schweiz